U0575793

# 新服务革命

## 重构生活服务业商业模式

吴起◎著

中国财富出版社有限公司

**图书在版编目（CIP）数据**

新服务革命：重构生活服务业商业模式／吴起著 . —北京：中国财富出版社有限公司，2023.6

ISBN 978 - 7 - 5047 - 7938 - 0

Ⅰ . ①新…　Ⅱ . ①吴…　Ⅲ . ①服务业—商业模式—研究　Ⅳ . ①F719

中国国家版本馆 CIP 数据核字（2023）第 099749 号

| **策划编辑** 郑晓雯 | **责任编辑** 张红燕　郑晓雯 | **版权编辑** 李　洋 |
|---|---|---|
| **责任印制** 梁　凡 | **责任校对** 卓闪闪 | **责任发行** 董　倩 |

| | | | | |
|---|---|---|---|---|
| **出版发行** | 中国财富出版社有限公司 | | | |
| **社　　址** | 北京市丰台区南四环西路 188 号 5 区 20 楼 | **邮政编码** | 100070 | |
| **电　　话** | 010 - 52227588 转 2098（发行部） | 010 - 52227588 转 321（总编室） | | |
| | 010 - 52227566（24 小时读者服务） | 010 - 52227588 转 305（质检部） | | |
| **网　　址** | http：//www. cfpress. com. cn | **排　　版** | 宝蕾元 | |
| **经　　销** | 新华书店 | **印　　刷** | 宝蕾元仁浩（天津）印刷有限公司 | |
| **书　　号** | ISBN 978 - 7 - 5047 - 7938 - 0/F·3550 | | | |
| **开　　本** | 710mm×1000mm　1/16 | **版　　次** | 2023 年 9 月第 1 版 | |
| **印　　张** | 15 | **印　　次** | 2023 年 9 月第 1 次印刷 | |
| **字　　数** | 155 千字 | **定　　价** | 59.80 元 | |

# 前　言　➡️

　　当我在 2017 年写《产业互联网——重新定义效率与消费》时，产业互联网在本地生活服务业的革命尚未兴起，房地产行业还没有贝壳，途虎和 Keep 还是创业者，快狗还不叫快狗，共享单车企业还在进行"烧钱大战"。在产业互联网的概念和落地运营模式尚处于襁褓期时，我从自己在房地产、职业教育、装修、美容等各类本地生活服务业的实战经验和咨询经验出发，在那本书中抛出了早期的一套更偏实战派的理论，或者说解决方案。

　　在后来的几年里，每当我看到京东商城上大家对那本书的评论又新增了许多，或者看到那本书出现在各种"互联网＋"的推荐榜单上时，其实是如坐针毡的。产业互联网在中国的发展速度之快，生活服务业的商业模式创新之大，都早已不是当时那本书的理论框架和实践案例可以覆盖的了。所以多年来，每当我与朋友谈起此事，我都会说："总有一天，我会再写一本书……"

　　这个"总有一天"就一直拖到了 5 年后的今天。我时常在想，自己本不是一个拖延症患者，为何迟迟无法开启新的写作之旅？究其原因，写一本生活服务业的商业模式分析作品，容易陷入两极。一极是宏观市场分析、产业分析、趋势分析，基于各种国家政策、出海机会、产业数据、消费升级的论述等。这种内容一旦过多，往往会被实战派企业家认为不接地气，更类似于一个产业报告或者行业报告。而另一极则是案例分析，虽然案例是读者较为喜欢的干货部分，但我们往往会主观地把观察到的案例结果套进一个我们事后认为更合乎情理的框架，进而阐述成一个前置性的成功逻辑。单个案例阐述得越完整，越容易陷入一个具体的行业个案规律，而无法总结出一些可以跨行业、跨赛道复用的底层逻辑和通用方法论。要避免陷入这两极，就只有建立基于生活服务行业在产业互联网背景下转型升级的通用理论框架和研究视角，并把几十个案例拆成模块和细节颗粒，结构性地放置在这套理论框架之中来解读和佐证。这也是本书努力实践的方向。

本书研究生活服务业的商业模式重构，不仅聚焦数字化升级，更专注于模式升级和角色升级。首先，本书通过三个关键的四象限工具，对多个典型的生活服务业进行解读。高频次低客单价的行业有什么特点？低频次低客单价的行业能出现伟大的公司吗？双边动态均衡的行业就一定做不出流量平台吗？为什么决策成本高的行业往往会出现垂直媒体？关于生活服务业的一些本质规律，在这部分都会有翔实的解答。

随后，本书围绕平台与商家展开论述。随着平台和商家的边界渐趋模糊，平台和商家已经从角色名词变成了属性名词。线上的流量平台在下探实体化，线下的传统商家在上扬平台化；每一家企业都无法避免地需要思考和获得平台侧以及商家侧经营的方法论和底层逻辑。而这部分就会层层递进地帮助读者了解有关平台和商家运营的信息及方法。

接下来，本书围绕供给侧、需求侧展开论述。有关生活服务业供给侧、需求侧和交付侧的探讨，是围绕着S2B2C①的核心方法论展开的。S2B2C到底如何解读？它和B2B2C②或者特许加盟模式的本质区别在哪里？S端的中台核心能力的建构路径是什么？如何通过数字化和标准化来降低生活服务业对人的依赖，以降低服务过程中的方差？如何通过新兴技术和服务升级来实现服务本体的革命？以上问题都将在这部分给予解答。

最后，本书还带领读者一起学习和运用结构化思维这种核心的工作方法。在这种工作方法的指导下，可以将任何一种行业的业务动作做最小颗粒度的"切片"，进而对其进行重组、改造、升级，尤其是针对痛点问题输出策略。这部分内容通过互联网营销漏斗、房产经纪的房源管理供给侧"切片"、互联网装修业务流程再造等实战案例，帮助读者系统化地掌握这种工作方法的使用原理和技巧。

---

①　原指一种集合供货商赋能于渠道商并共同服务于顾客的电子商务营销模式，S即供货商，B指渠道商，C为顾客。现也泛指平台（S）对商家（B）赋能并共同服务于顾客（C）的产业互联网商业模式。

②　原指一种电子商务类型的网络购物商业模式，第一个B指商品或服务供应商，第二个B指从事电子商务的企业，C即顾客。现也泛指平台（B）对商家（B）服务、商家（B）对顾客（C）服务的互联网商业模式。

本书虽然覆盖了多个生活服务业、多个典型案例，但并不以任何一个单一案例为单元进行专题阐述，而是把各个案例的成功要素纳入每一节的理论框架，让读者能更好地摆脱单个案例的成长逻辑，回归生活服务业数字化升级和模式升级的通用理论框架和价值规律。本书的案例解读既包含商业模式设计、战略定位，又包含产品架构端、运营端、商业化端、落地实施端的知识点和方法论，在不同行业之间寻找共性点和差异点，尝试参透其中的本质规律。

"再写一本书"的心愿，如今终于达成，但忐忑之心更甚，因为不知道本书中阐述的这套源于实战经验的思路框架、认知方法和行为实践准则，究竟能否对生活服务业各个赛道的企业家、创业者和投资人有借鉴价值。如真能启迪一二，或许还会有下一个"五年之约"吧！

吴起

2022 年 7 月于北京

# 目  录 🔍

## 后记　从数据看趋势，从关键词看机会

# 第一章
## 理解生活服务业商业模式的四个关键词：消费频次、客单价、双边均衡、决策成本

　　生活服务业商业模式的重构，指的是本地生活服务业在产业互联网背景下的数字化升级、模式升级和角色升级。出现在本书中的行业和案例，不是便利蜂、喜茶这样的零售连锁，也不是元气森林、三只松鼠这样的新消费品牌，而主要是本地生活服务业当中的"到店业务"（以消费者来到线下门店接受服务者提供的专业服务为必要场景），如房地产、职业培训、装修维修、健身运动、医美养生、酒店旅行、心理咨询等。当然，产业互联网时期的到店业务已经包含了部分在线交付（无须到店）的场景和可能，外延已然不同。此外，诸如餐饮外卖、家政清洁、搬家拉货等"到家业务"（以服务者进入客户家庭进行服务交付为必要场景）的案例也会出现在本书的部分探讨当中。

　　本章我们将通过"消费频次高低＋客单价高低""双边需求动态均衡/不均衡＋客单价高低""决策成本高低＋客单价高低"三个不同的四象限工具，把有代表性的本地生活服务行业纳入其中，进而观察、理解这些行业商业模式的本质规律。

## 从消费频次和客单价视角看生活服务业

图 1 - 1 是本章的第一个四象限工具，其横轴代表一种行业的消费频次的高低，纵轴代表该行业的客单价高低。当我们把有代表性的本地生活服务行业按照消费频次高低以及客单价高低放到这个四象限之后，便有利于我们更深刻地理解一个行业的底层逻辑。比如，为什么有些生活服务行业有平台，有些行业没有？为什么有些平台大且有影响力，而有些平台一直不温不火？为什么有些平台需要聚合那么多服务 SKU（最小存货单位）才能成立？

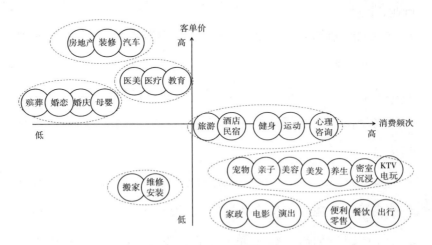

图 1 - 1　从消费频次和客单价视角看生活服务业

## 右下象限：高频次低客单价 + 中频次中客单价

案例：滴滴 ｜ 美团 ｜ 叮当快药 ｜ 便利蜂 ｜ 猫眼 ｜ 天鹅到家 ｜ 携程 ｜
Keep ｜ KnowYourself

我们来看一下图 1 – 1。不难发现，"高频次高客单价"这个右上角的象限几乎为空，也就意味着，生活中几乎没有消费频次高、客单价又高的生意。而最有商业价值的当数"高频次低客单价"这个象限，也就是右下角的象限。这个象限里最靠近右下侧的几个服务行业，都早已出现了巨头林立或寡头垄断的垂直平台，比如出行行业里有滴滴，餐饮行业里有美团和阿里本地生活，便利零售行业也被阿里巴巴、京东、美团以及其他一些企业（如便利蜂、叮当快药等）分而治之。而稍微靠近中频次一些的行业，比如电影行业和演出行业，有猫眼等垂直平台；比如家政行业，则有天鹅到家、58 到家等垂直平台。相对而言，GMV（商品交易总额）越大、消费频次越高的行业，如餐饮、出行、便利零售等行业，其行业平台的体量及资本价值越大；而 GMV 不够大、消费频次中等，以及市场分散度高的行业，其行业平台的体量及资本价值就明显低于前者。

除了"高频次低客单价"，还有一小类行业属于"中频次中客单价"。由于消费频次中等，客单价较低频次业务有明显优势，所以也出现了相当成熟的垂直行业平台。比如旅游行业的携程、同程，健身行业的 Keep，心理咨询行业的 KnowYourself、壹心理等。而夹在"高频次低客单价"和"中频次中客单价"之间的一些消费频次中等、客单价不够高、独立属性又不强的生活服务行业，至今都没有出现真正独立且有规模的垂直平台，比如美容、美发、宠物、养生等行业。这类生活服务行业逐渐变成美团等综合类本地生活平台的长尾行业。

**左上象限：低频次高客单价**

案例：贝壳 | 安居客 | 瓜子 | 土巴兔 | 住小帮 | 婚礼纪 | 新氧 |

阿里健康 | 腾讯课堂

如果说高频次业务的行业，由于消费者的消费频次较高，也就意味着平台 App 的 DAU（日活跃用户数量）可以保证，基本等同于互联网模式的成立，那么当这些行业被各大巨头分割或形成寡头垄断局面之后，即使有再大的市场体量，也难有后人者的平台革命机会。毕竟，巨头的优势不仅是模式，还有资本和品牌。这个时候，创业者和资本的目光就开始转向"低频次高客单价"这个象限，即左上角的象限。

以房地产、汽车、装修等为代表的低频次高客单价行业，在2016 年前后兴起，恰好是赶在了高频次和中频次业务的赛道被瓜分殆尽之时。低频次业务并不是和互联网无缘。相反，如房地产、装修等低频次行业，其用户使用的周期性频次虽低，但一次服务的交易链路和交付周期很长——用户在至少三个月的交付周期中仍然会高频地使用平台产品。同时，客单价高也带来了高收入和高利润的可能性；房地产、汽车、装修又都是典型的高 GMV 行业。所以，这些行业的垂直平台多年来层出不穷，比如房地产行业的房多多、天猫好房、幸福里、贝壳、安居客，汽车行业的瓜子二手车、优信二手车、人人车，装修行业的土巴兔、齐家网、爱空间、住小帮，等等。

而这个象限更靠近左侧的一些低消费频次的行业，如婚恋、婚庆、母婴（特指孕产期间的母婴服务）等行业，由于其客单价低于房产、汽车、装修等行业，消费频次又过低，行业总的 GMV 体量也不大，所以除了一些传统平台（如婚恋行业的珍爱网、百合佳缘等）和少量创新项目（如婚庆行业的婚礼纪），一直没有出现有足够规模和影响力的垂直平台。

这个象限里还有三个行业比较特殊。

首先是医美行业。这是一个相对婚恋、婚庆等行业而言更高频且客单价也相对较高的赛道。但因为这个赛道受制于从业资质、政策监管等因素，直至近年才涌现出包括新氧、悦美、更美等在内的几个平台，且模式也仍停留在流量分发为主的传统模式上。从商业原理上分析，医美行业的流量平台难以可持续发展，又与其供需双方的动态均衡有关，这在下面的章节会有分析。

其次就是医疗和教育这两个行业。二者都属于中等消费频次、中等客单价的典型行业，是关乎国计民生的基础性行业，需求端用户数量极大，需求异常复杂，同时国家的监管政策也非常严格。所以，至今也没有出现独立垂直的全教育品类平台，或者独立垂直的全医疗品类平台。这两个行业的平台大多出现在综合性互联网平台的独立业务线里，比如京东健康、阿里健康、网易有道、腾讯课堂等。垂直独立平台的缺失同时意味着机会——在二级甚至三级分类上，比如教育下属的职业教育、素质教育、兴趣教育、托育、幼教等，未来也完全有可能出现新一代的垂直独立产业互联网平台。

> **左下象限：低频次低客单价**
> 案例：货拉拉 | 快狗 | 啄木鸟

本节的最后一部分要讨论左下象限，也就是"低频次低客单价"的行业，比如搬家、维修安装等。按传统平台的流量玩法，低频次低客单价效能很低，最多作为综合性平台的一个边缘品类，比如58同城的本地生活黄页业务里的一个分类很难作为独立垂直的平台去做流量分发和双边撮合匹配。所以，对于低频次低客单价的行业，独立垂直的行业平台更多地类似于一个平台型商家。它需要自己控制供应链，自己控制交付，自己分发流量，形成基于交易闭环的全链路管理，而不能是简单的双边撮合交易。

比如，搬家行业的货拉拉、快狗看似是平台，更似商家。它们可以提供从车辆、培训、作业工具到商机、订单在内的全资源，司机审核通过即可入驻，类似美团外卖的模式。在这种模式下，货拉拉或者快狗可以通过市场需求量和自己的流量能力匹配合适的供给侧资源（车辆、司机），从而使订单的交付变得平衡且合理。同理，"啄木鸟"作为国内领先的家庭维修平台，也更类似于一个维修人员入驻的平台型商家，而不是做针对第三方资源进行双边匹配撮合的流量分发业务。"啄木鸟"也一定需要从供给侧的人的标准、SKU的标准、服务和定价的标准，到商机和订单的规模以及分发规则，再到交付的标准和质量品控，都进行整体把控和定义。同理，它也只有根据所在区域的维修订单总量来平衡供给侧的维修人员数量，才能在自己的平台内部尽量规避低频次低客单价业务的问题。

上述平台模式的革新，其实也并不能完全解决低频次低客单价行业的问题。低频次低客单价行业的平台化产品需要聚合尽可能多的低频次SKU，或者聚合一个以上的中频次SKU，从而整体上把用户使用频次升级成中频次业务。比如货拉拉和快狗就在搬家之外增加了拉货这个中频次业务，从而让同城货运从低频次业务变成了中低频次甚至中频次业务。而"啄木鸟"则聚合了几乎所有可以细分的维修SKU品类，把多个低频次业务聚合成了中频次业务。

但是，多个低频次SKU聚合成中频次只是起点而非终点。聚合的只能是SKU，但服务业的交付要靠服务者。以"啄木鸟"的维修业务为例，要让低频次低客单价的平台赚钱，低频次聚合成中频次之后，需要再完成两个关键要素的进化。

第一个是密度。一个成功的维修业务平台，需要让同一名维修人员每天在 3 ~ 5 千米商圈范围内接到足够规模的订单，减少赶路消耗的时间，从而最大化地提高效率。做个假设，在订单分散的常规作业模式下，1 名维修人员一天平均可以完成 3 个维修订单；而如果他入驻一个订单密度足够大的平台，所有订单都在一个商圈内产生，则他一天可以完成 6 个维修订单。这样就可以多出 3 个订单的收入，他可以比以前多赚到 1 个订单的钱，平台可以抽取一笔相当于 1 个订单收入的管理费，客户还可以节省约 1/6 的平均客单价，三方共赢。这就是密度带来的效率提升。密度模式既适用于外卖骑手配送这类高频次业务（外卖骑手在一栋写字楼里完成 10 单配送和在 10 栋不同的写字楼里完成 10 单配送，获得的收入一样，但后者的时间消耗是前者的几倍，这就是密度带来的效率差），同样也适用于维修、搬家拉货这类低频次业务。这也解释了为什么安装业务作为一个 B2B① 的 To 大 B（对大企业）的服务业务，反而变成了维修业务最好的伙伴——安装业务本身就能提供兜底的基础订单，可以为商圈内的"密度运营"提供最大化兜底支持。

第二个是工种边界突破。如果招募的是社会上的维修人员，每个工种的边界有很大局限性，这就会导致一个客单价不高的订单可能要由几拨不同的工人来提供服务，这既增加了消费者的成

① 指企业与企业之间通过专用网络或 Internet 进行数据信息的交换、传递，开展交易活动的商业模式。

本，也降低了单个工人的收入。闭合型平台如果可以通过培训和标准化，将入驻工人的技术水平等进行最大化拓展，就有可能在空间密度之外增加工种实施密度。这也是提升整体效率的一种办法。

当一个低频次低客单价的平台，或者说平台型商家，同时满足了上述两个关键要素，那么，它的价值就不再单单是规模的价值或 GMV 的价值，而更多是效率的价值。这也会给所有低频次业务带来一种启示。

**本节总结**

- 生活服务业商业模式的重构，指的是本地生活服务业在产业互联网背景下的数字化升级、模式升级和角色升级。

- 低频次业务并不是和互联网无缘。相反，如房地产、装修等低频次行业，其用户使用的周期性频次虽低，但一次服务的交易链路和交付周期很长——用户在至少三个月的交付周期中仍然会高频地使用平台产品。

- 对于低频次低客单价的行业，独立垂直的行业平台更多地类似于一个平台型商家。它需要自己控制供应链，自己控制交付，自己分发流量，形成基于交易闭环的全链路管理，而不能是简单的双边撮合交易。

- 低频次低客单价行业的平台化产品需要聚合尽可能多的低频次 SKU，或者聚合一个以上的中频次 SKU，从而整体上把用户使用频次升级成中频次业务。

- 密度模式既适用于外卖骑手配送这类高频次业务，同样也适用于维修、搬家拉货这类低频次业务。这也解释了为什么安装业务作为一个 B2B 的 To 大 B（对大企业）的服务业务，反而变成了维修业务最好的伙伴。

## 如何判断一个行业的双边撮合型流量平台是否长期存在

图 1 – 2 是本章的第二个四象限工具，其横轴代表供给和需求是否动态均衡，也就是单个用户（需求侧）和单个服务者（供给侧）会不会在一段时间内达成多次重复的同类交易；而纵轴则代表行业客单价的高低。和上一节一样，当我们把生活服务行业纳入这个四象限中，我们就更容易识别出，同样是做双边撮合型流量平台，同样赚的是匹配销售线索的钱，为什么有些行业的平台就可持续成长、长期存在，而另外一些行业的平台就往往成为失败的案例，甚至有些行业从未出现过此类平台。

双边需求动态不均衡的行业较之动态均衡的行业，更容易促使其行业内的流量类平台获得成功。首先来讲讲这背后的逻辑。一旦供给侧的服务者和需求侧的客户发生了动态均衡，也就是一位客户在后续很长时间内都认定让某个服务者为自己提供服务，

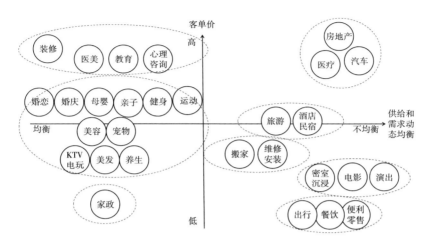

**图 1 – 2　从供给和需求是否动态均衡和客单价视角看生活服务业**

这时候，平台在后续实现再次撮合匹配的价值就消失了。这就是双边动态均衡带来的困扰，尤其是当供给侧的服务者有 IP 效应的时候，这种问题尤其明显。比如，一位客户找到了一位能满足自己学习需求的名师，一位焦虑症患者找到了一位值得信赖的心理咨询专家，这时候，客户会在后续相当长时间内都指定其为自己服务，甚至包括自己 NPS（净推荐值）转介绍的客户，也会直接指向该服务者，而无须再次经过平台。反观服务者或商家对平台的履约，如果这是一个低客单价的业务，平台抽取的管理费不是太高，那么服务者还存在主动报单的可能性，以便自己后续在平台获取商机的权重排序有所提高。如果这是一个高客单价的业务，平台抽取的管理费也不低，那么既然客户可以不通过平台消费，NPS 也不发生在平台，服务者或商家又怎么会有那么高的道德标准去主动报单呢？对于动态均衡的行业，如果平台的流量匹配撮合停留在供需双边都不可控的状态，平台的可持续发展性就不高，只能是做一些新客户的生意。

**左侧象限：动态均衡**

案例：新氧｜珍爱网｜百合佳缘｜天鹅到家｜壹心理｜

壹点灵｜简单心理

　　我们观察四象限的左上角象限，即"高客单价动态均衡"象限。在这个象限里的行业，要么没有独立垂直的流量型平台，要么有但规模不够大，容易遇到发展瓶颈。比如医美行业的领军企业新氧，其财报就体现出新氧从商家获得的收入主要为两大类：一类是商家入驻平台的固定取费，类似 58 同城对所有入驻商家收取的端口费；另一类是客户选中一家医美服务商之后在线支付的预约费。所谓预约费，其实就是当次服务费用的一部分，也就是平台对商家一次交易服务的收费。但一旦客户到线下获得了好的服务体验和效果，无论是其后续的多次复购（其他品类的医美消费），还是 NPS 自己的朋友来此商家消费，新氧平台都无法再获取价值。所以，当双边都属于"第三方"的时候，一旦出现动态均衡，平台就只能获取新客的首次价值。而对于一些线下行为更不可控的行业，比如婚恋行业，几乎所有平台都放弃了交易服务取费的机会，而转为按会员费和增值服务费的方式前置取费，如珍爱网、百合佳缘等。

　　解决这种动态均衡问题的方法之一，就是平台从纯流量平台向平台型商家转化，去尝试控制或与供给侧资源深度合作。这时候，服务者更多是入驻平台的角色，是半员工身份，虽然无法百分百排除逃单，但可以最大限度地减少第三方服务者的不可控因素。最典型的莫过于家政行业的天鹅到家。以保洁业务为例，如果天鹅到家的供给侧资源（保姆、保洁人员）是松散的第三方服务者，那么，一旦需求者找到一个合适、熟悉自己需求的保姆、保洁人员，在相当长的时间内就不会再使用平台，平台的价值就和前述案例一样将大幅缩水。然而，天鹅到家更像是一个有着平台组织形态的超大型家政公司，它从家政服务者的招募、培训、上岗开始，一站式地解决了供给侧的人员和供给交付标准的问题，从而尽可能减少了动态均衡带来的平台损失。此外，类似保姆、保洁人员这类可标准化的服务型职业，也更容易、更有途径做到可控，比如天鹅到家就在湖南开办大型的家政职业培训学校，稳定提供供给侧输出。

但是，教育、心理咨询、医美等行业就很难复制这个模式。因为名师、名医都不是可以规模化复制的，此类人群也不愿意完全被平台控制。所以，这几类行业的流量分发平台如果也是双边撮合模式，那么更大可能是需要深度合作、绑定一部分供给侧服务者，也就是平台推荐和给予背书的服务者，然后集中提供有限的流量，并从这批服务者身上收获闭环交易的持续价值。例如心理咨询行业，无论是壹心理、壹点灵还是简单心理，用户选择心理咨询师进行付费咨询的环节都属于典型的双边撮合的流量模型。一旦此类平台完全开放，针对所有第三方服务者提供流量分发，动态均衡的问题就会让平台模式无以为继。而如果聚焦分发给深度绑定的服务者，虽然没有天鹅到家之于保姆那样的可控性，但也会很大程度地缓解平台交易复购和 NPS 无法闭环的问题。当然，也有一些行业平台干脆选择了前置收费的商业产品，放弃了对交易闭环尤其是复购闭环的管控，一定程度上可以解决动态均衡带来的困扰，但也会因此减弱中长周期的可持续增长性。

位于动态均衡象限（左上象限、左下象限）的很多其他行业没有出现过独立垂直的流量分发平台，它们绝大部分线上客源来自综合类的本地生活平台，包括美团、阿里本地生活等。美容、美发、健身、运动等行业都是典型的动态均衡场景，客户找到可信赖且专业的美容师、理发师、健身教练、搏击教练之后，可能很长时间不再使用平台。所以，这类行业的商家干脆也就把平台定义为初次获客的流量入口；而综合类本地生活平台也根据此类需求设计了对应的商业产品。从这个角度来看，美团的产业互联网化也只是做到了介入有限的几个深度产业的赛道品类，如餐饮、社区团购等。而在美容、美发、母婴、健身、运动、婚庆、宠物等其他赛道，美团本质上和 58 同城做的是同一种生意。这种"留白"，其实也给这些生活服务行业提供了更多的想象空间和创新的可能。

## 右侧象限：动态不均衡

### 案例：滴滴｜Uber｜美团｜摩拜单车｜贝壳找房｜瓜子

四象限右侧的两个象限（右上象限、右下象限）都是流量双边匹配撮合模式中动态不均衡的行业。动态不均衡，天然造就了流量平台以及交易平台存在的可能性，而高频次业务又是这其中最热门的存在。这就证明了当初滴滴和 Uber "烧钱大战"、各共享单车平台 "烧钱大战" 的合理性。因为在高频次且动态不均衡的行业，谁最终留存下来，谁就能成为底层逻辑完整成立且可持续发展的平台，并获得一个本地生活的高频次用户入口。这也解释了为什么美团一定要并购摩拜单车，而不能允许其继续单独存在。

但这并不意味着动态不均衡的平台就没有跑单、飞单的风险，也并不意味着这些行业就一定可以天然形成交易闭环的垂直平台。尤其是当行业的客单价很高的时候，即便平台抽取很低的管理费，对于一家门店或一个服务者而言也将是一大笔钱。这种场景下，如果平台是纯交易平台，即完全依靠交易闭环后收取管理费，就不能完全依靠动态不均衡的底层逻辑，而是要重新定义平台的结构形态和协作模式。

比如房地产行业，购房者在找房的过程中，双边匹配撮合是动态不均衡的。因为购房者未必可以确定要买的房子在哪个小区、商圈甚至行政区域，不同小区和楼盘对应着不同的房产经纪人甚至不同的房产经纪公司，几乎不可能有一名全能的房产经纪人向客户介绍全城的二手房。针对这种动态不均衡，无论是58同城房产、安居客还是早期的房天下等垂直平台，都通过前置收费的商业产品，向房产经纪人也就是供给侧收取费用，商业逻辑完全成立。然而，一旦购房者确定了要买某套二手房，和某一名房产经纪人或某家门店确定了履约关系，这时候动态均衡就发生了。无论是供给侧（房产经纪人/经纪公司）还是需求侧（购房者），都不去在意平台的价值了。从供给侧来说，已经针对商机付过费了，平台也无从知晓后续的交易信息；从需求侧来说，买房这么低频次的行为，消费者一般不会考虑下次和这个平台会发生怎样的交互。这时对流量平台以及门店所在的品牌总部来说，交易动作就进入了黑匣子。这种线下交易链路复杂、漫长、客单价高、重度依赖服务者的行业，如果平台试图进入交易取费的闭环，就不能依赖其双边匹配过程中的动态不均衡，而要解决交付履约过程中的动态均衡问题。上述二手房交易中遇到的问题，在二手车交易平台上也同样存在，比如瓜子二手车、优信二手车、人人车等。搜索过程中的动态不均衡，过渡到交付履约过程中的动态均衡，但二手车交易平台恰恰绝大部分都要通过交易闭环取费，所以更需要解决这个问题。

庆幸的是，贝壳找房的出现为此类问题的解决提供了一个有益的参考。如果供给侧的服务自始至终由一个服务者独立完成，那么这个人可以通过黑匣子的方式，把交易隐藏在加盟品牌总部、线上平台等可视范围之外。而如果平台通过设定开放式的运营规则，促使、驱动更多角色和服务者参与同一个客户的服务链路中，并且可以多角色就最终的交易收入进行佣金分配，则这个黑匣子自然会被打破。因为服务者不再是一个人，而可能是 3 个人、5 个人甚至更多人，而且来自不同的门店甚至不同的品牌。这时候，哪怕交付履约的过程再动态均衡，平台也能清晰地看到交易的结果，因为这几个人之间构成了互为监督的关系。而平台在这其中，一要拆分服务，把服务的模块或角色尽可能拆分得更细；二要标准化服务、标准化规则；三要有强大的数字化管理工具让交易链路全程沉淀可回溯。在房地产行业，上述房产经纪人协作网络体系被称为 ACN 合作网络；贝壳找房的一个订单往往要由 5 名以上的房产经纪人（不同角色）共同完成并共同分佣。所以，贝壳找房就不需要从流量分发的角度考虑商业产品的设计，而是通过 ACN 合作网络尽可能解决交付履约中的飞单问题，进而分佣。

这种将一个服务者角色切分成多个服务者角色的方法论，在其他一些双边动态均衡的行业也被广泛使用。比如心理咨询行业，如果营销端的服务者、交付端的服务者是同一个人，就很容易出现客户和服务者动态均衡之后抛弃平台的问题。但是，如果平台把单一服务者做多角色切分，重新定义服务流程和协作方式，那么即便这个行业是动态均衡的属性，也依然可以按平台模式持续发展。举个例子，一位心理咨询师在短视频、直播等流量平台进行 IP 营销，而负责服务的是另一个咨询团队，在全生命周期的服务过程中，如果客户对当前心理咨询师不满意，随时可以借助平台更换其他咨询师；此外，在服务过程中还可以继续细分出更多角色，比如在交付端，有专门负责接受倾诉和日常聊天的助理咨询师；在营销端，有在客户付费选择咨询师之前的免费销售顾问。这些角色通过平台的标准定义，共同满足一个客户的心理咨询诉求。这时候，平台的价值是更为凸显的。

## 本节总结

- 双边需求动态不均衡的行业较之动态均衡的行业，更容易促使其行业内的流量类平台获得成功。

- 对于动态均衡的行业，如果平台的流量匹配撮合停留在供需双边都不可控的状态，平台的可持续发展性就不高，只能是做一些新客户的生意。

  ◇ 解决这种动态均衡问题的方法之一，就是平台从纯流量平台向平台型商家转化，去尝试控制或与供给侧资源深度合作。

  ◇ 也有一些行业平台干脆选择了前置收费的商业产品，放弃了对交易闭环尤其是复购闭环的管控，一定程度上可以解决动态均衡带来的困扰，但也会因此减弱中长周期的可持续增长性。

● 如果平台是纯交易平台，即完全依靠交易闭环后收取管理佣
　金，就不能完全依靠动态不均衡的底层逻辑，而是要重新定义
　平台的结构形态和协作模式。

　◇ 线下交易链路复杂、漫长、客单价高、重度依赖服务者的行
　　业，搜索过程中动态不均衡，但过渡到交付履约过程中会变
　　成动态均衡。

　◇ 如果平台通过设定开放式的运营规则，促使、驱动更多角色
　　和服务者参与同一个客户的服务链路中，并且可以多角色就
　　最终的交易收入进行佣金分配，则这个黑匣子自然会被
　　打破。

　◇ 平台在这其中，一要拆分服务，把服务的模块或角色尽可能
　　拆分得更细；二要标准化服务、标准化规则；三要有强大的
　　数字化管理工具让交易链路全程沉淀可回溯。

## 如何判断一个行业是否需要垂直媒体

　　图 1 – 3 是本章的第三个四象限工具，其横轴代表消费者决
定购买某项服务时的决策成本的高低，而纵轴依然是代表行业的
客单价高低。把生活服务行业纳入其中，有利于我们理解为什么
有些行业会产生垂直媒体，而有些行业就不会出现垂直媒体；为
什么有些行业的流量平台中媒体内容为主，双边匹配撮合的列表

页形态为辅，而有些行业平台则直接强推列表页，媒体内容只是一个有效的补充。

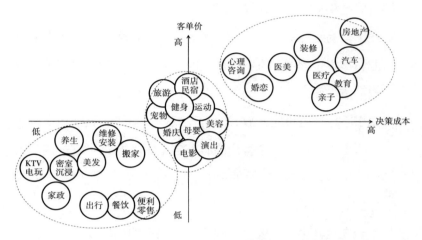

图1-3　从决策成本和客单价视角看生活服务业

图1-3是本章三个四象限工具中最容易识别的。因为这些生活服务行业聚合成三个群落，分布在左下、右上、正中三个位置。我们可以这样来简单理解：决策成本越高、客单价越高的行业，越需要垂直媒体为消费者提供决策依据；而决策成本越低、客单价越低的行业，则无须垂直媒体为消费者提供决策依据；居中的则是决策成本中等、客单价中等的行业，这部分行业也不需要单独的垂直媒体，可以依托于本地生活的点评类网站或社交类网站，通过点评、微博、短视频等其他形态回应对媒体的需求。

在这里，我们有必要区分一下渠道、媒体、平台这几个容易混淆的概念。渠道更多是以平台给商家分发流量、商机为视角，也就是以一个 App 的下载量、一个有效电话号码的获取、一个有效客户的到店等更偏结果导向的衡量指标来判断的。而媒体指的是通过提供包括文章、视频、评论、社区互动等在内的各种有组织的信息，为消费者（客户）在选定服务商前提供更多的决策依据。两者的关系可以理解为：渠道的职能是媒体职能的下游，是客户获得充分的决策依据之后的行动。而平台一般是包含或者说组合了媒体和渠道两重属性的。

## 游戏行业的媒体与渠道
### 案例：17173

为了更好地理解上述理论，我们以游戏行业举例。游戏不涉及复杂的 O2O 链路，理解起来更清晰；同时，游戏行业经历了从客户端游戏、网页游戏到手机游戏的变迁，不同的游戏也带来了不同的媒体需求，正可以比较完整地印证本节的关键理论。

游戏行业的供给侧是游戏厂商，需求侧是游戏玩家，匹配双边需求的可以视为游戏平台。我们可以将游戏厂商的官方网站称为官方渠道，可以将第三方游戏网站称为行业性游戏媒体或游戏渠道。游戏平台的渠道属性就在于"下载"这个功能，其在传统的客户端游戏媒体中存在于下载站或排行榜的频道，在网页游戏和手机游戏的游戏媒体中一般存在于游戏下载的列表页。而游戏平台的媒体属性则更多体现在新闻、专区、社区等频道内。新闻和游戏排行榜类的媒体功能主要服务于游戏玩家"找游戏";游戏攻略专区主要服务于已经找到游戏的玩家"玩得更好";而游戏社区(如早期的论坛、后期的游戏语音工具等)则主要服务于游戏玩家"和志同道合的人一起玩"。这三类需求是玩家在媒体属性的模块中需要被满足的。

一个有趣的现象是:早期的游戏网站设计风格更像新浪网、搜狐网(见图 1-4)网页,而现在的大多数游戏网站则更像 58 同城、安居客(见图 1-5)。这是因为早期的游戏网站主要服务于 PC 客户端游戏。这类游戏很重度,玩家的决策成本和周期长,需要投入的客单价也高,同时一旦深度进入游戏,很长时间内不会随意更换。所以,这个阶段的游戏平台更需要首推游戏媒体类功能,为玩家提供足够的决策依据。这就是早期 PC 客户端游戏是主流的时代,以 17173 为代表的客户端游戏媒体盛行的原因。而到了网页游戏和手机游戏时期,游戏不再那么重度化,游戏的进入和退出变得随意,网页游戏和手机游戏的客单价也不再那么高,所以玩家对游戏的选择或放弃不再那么纠结。在这种场景下,网页游戏和手机游戏对游戏媒体的需求就迅速下降,反而对游戏渠道的依赖度大幅提升。换言之,更重要的是玩家能快速下载游戏或者注册游戏,而不是通过复杂、漫长的流程去影响玩家的心情。所以,网页游戏和手机游戏时代的游戏平台在结构样式上就更趋近于一个列表页或者分类信息导购页,媒体属性的板块变成了附属品或发挥辅助职能，一般只出现在玩家找到游戏之后，少量文字、视频、评论类的介绍作为信息补充。

图 1-4　一个典型的早期游戏网站界面截图

图 1-5　一个典型的近期游戏网站界面截图

这个反差恰恰就解释了本节四象限的原理。高决策成本、高退出成本、高客单价的品类一定有垂直媒体的需求，因为用户需要太多的决策依据；如果没有这些依据，用户几乎无法选择，比如 PC 时代的客户端大型游戏。而低决策成本、低退出成本、低客单价的品类，其平台上的媒体属性大多是一个补充，更重要的是直接的下载引导或商机引导，所以列表页、营销着陆页大行其道，比如网页游戏和手机游戏时代的游戏平台。当然，当今的各种垂直平台即便是在主推双边匹配撮合的列表页，比如二手房、二手车、酒旅、餐饮等，也早已把"大内容"的媒体属性有机地融进产品框架中，比如美团的大众点评部分，58 同城的发现和部落，安居客的有料，等等。这可以被视为在当下快消品模式或者说碎片经济盛行的时代，媒体式微后的一种变相的存在方式。

**右上象限：高决策成本高客单价**

案例：住小邦｜土巴兔｜壹心理｜简单心理｜壹点灵｜

松果倾诉｜KnowYourself

在了解完游戏行业的案例之后，我们回到本地生活服务业。消费者理发、找保洁人员、搬家等，这种生活服务具备低决策成本、低客单价的特点，消费者使用后发现效果不好也没有太大影响，所以垂直媒体就没有存在的必要。我们看到的搬家 App、家政 App 等平台中几乎没有媒体类的内容，但高决策成本、高客单价的本地生活服务业仍然需要以独立媒体形态或以媒体为主导的形态存在的平台。比如装修行业，绝大部分的装修客户早期的首要需求是做决策，做选择，做预算。这时候，媒体的价值更重要。所以，以装修社区和媒体属性见长的住小帮 App，就在业务动线上首选了以媒体属性为主，为用户提供足够丰富的装修信息（如设计图、案例、信息知识、用户评价、诊断测试等），进而相对后置地进行商机层面的匹配撮合。相对而言，以土巴兔为代表的装修平台，则明显更侧重于营销引导和列表页搜索推荐，更倾向于直接引导用户通过选择装修公司来完成双边的匹配撮合。这两者可以视为"媒体 + 渠道"和"渠道 + 媒体"的两种动线，也代表了不同类型的平台对交易撮合的不同理解方式。

同样地，在心理咨询这个决策成本高、客单价高的行业，平台也有"媒体 + 渠道""渠道 + 媒体"甚至纯媒体等多种定位。以简单心理、壹心理为代表的"媒体 + 渠道"形态的平台，以丰富的媒体类内容吸引泛心理用户，结合 App、微信公众号、视频号直播等产品矩阵引流，通过内容留存用户，再进行咨询双方的需求匹配，实现交易闭环管理。

而以壹点灵、松果倾诉为代表的另一类心理咨询平台，则是典型的"渠道 + 媒体"形态。主推列表页，主推消费者直接选择心理咨询师或倾诉师，而把媒体类内容放在辅助性的位置上。这类平台的产品感受更像二手房、二手车、外卖平台的行为动线，以直接的商机匹配为第一诉求，避开了复杂的媒体内容建设和心智引导。

还有一类是以 KnowYourself 为代表的泛心理纯媒体。Know-

Yourself 旗下的月食 App，聚合了国内的泛焦虑人群，却从头到尾没有任何入口引导用户去匹配心理咨询师，阶段性地把媒体精神做到了极致。

在上述三类心理咨询平台中，KnowYourself 模式是目前看来最符合用户底层需求的。因为心理咨询和买车买房不同，后者是刚需，用户找的就是列表页本身，要的就是搜索结果，所以越直接的匹配，成交转化的效率越高。而心理咨询的绝大部分用户都处于无法决策或拖延内耗的阶段，即使是在"媒体 + 渠道"的平台形态上，都很难解决这部分用户的进入问题，更谈不上高效转化。所以，平台的转化能力高低并不直接取决于产品样式中把列表页放在什么入口或第几个 Tab 页，而更多取决于平台对用户心理动线和行为动线的理解，以及针对这些理解去做的产品或内容布局。从这种意义来看，KnowYourself 旗下的月食 App 对客户的友好度是最高的，其空间、社区、工具、语音聊天室以及线下社交的补充活动，都为用户的长周期留存和决策提供了场景。而当这种媒体的影响力，尤其是对 C 端用户心智层面的影响力有一定的品牌壁垒之后，在产品矩阵里增加双边撮合匹配的服务反而是一件极其简单的事。

为什么本章在重点研究各个生活服务行业和流量平台的关系时，要单独就垂直媒体存在的价值、形态和条件进行专项讨论呢？其原因在于，恰恰是看似上一个时代产物的垂直媒体，在当今很多生活服务行业里有可能是一个新的机会、一种新形态的解决方案。在一些需要解决 Z 世代①用户的底层心智问题的服务行业中，看似直接、高效的双边匹配撮合，其实反而不太能成立。除了上述的心理咨询行业，比如同样聚焦 18 ~ 30 岁人群的职业教育行业，也正在遭遇同样的困境。职业教育行业不仅没有出现过类似 KnowYourself 的纯媒体，甚至连"媒体 + 渠道""渠道 + 媒体"属性的平台都几乎没有。各大公司都直接使用营销着陆页去获取流量，直接进入强转化推荐。但最扎眼的数据，反而是平均每 100 个商机中，能形成最终转化的往往不超过 5%。95% 无法直接转化，也没有可留存的平台，更没有辅助用户做决策和心智建设的在线社区，于是，职业教育行业平台的模式就继续停留在"割韭菜"。而当越来越多的"韭菜"在进入之前就先行逃离，那么无论列表页或营销着陆页有多强的说服力，也无力扭转模式本质带来的问题。而这一类生活服务行业的下一代平台或独角兽的机会，或许恰恰就在其中吧。

**本节总结**

- 决策成本越高、客单价越高的行业，越需要垂直媒体为消费者提供决策依据；而决策成本越低、客单价越低的行业，则无须

①　网络流行语，也称为"网生代""互联网世代""二次元世代""数媒土著"，通常指 1995 年至 2009 年出生的一代人，他们一出生就与网络信息时代无缝对接，受数字信息技术、即时通信设备、智能手机产品等影响比较大。

垂直媒体为消费者提供决策依据。

- 渠道更多是以平台给商家分发流量、商机的视角。媒体指的是通过提供包括文章、视频、评论、社区互动等在内的各种有组织的信息，为消费者（客户）在选定服务商前提供更多的决策依据。平台一般是包含或者说组合了媒体和渠道两重属性的。

# 第二章

重构生活服务业商业模式的关键角色：
平台与商家

平台、商家、SaaS 系统（软件运营服务系统）、供应链……这些耳熟能详的角色定义，在今天的产业互联网背景下，早已发生了从内到外的变化。

传统意义上，我们把所有线上的互联网平台视为平台，平台约等于线上流量平台。比如针对全品类行业进行流量输出的百度、抖音、微博，以及对定向行业进行商机输出的滴滴、美团、58 同城等。

我们把线下负责交付的商户称为商家，也就是承接线上流量商机、进行线下转化并交付实施的主体。这里又包含了直营模式的商家、特许加盟模式的商家，以及介于两者之间种类繁多的合伙制商家。比如，房产经纪行业中，我们往往认为链家、我爱我家等是直营商家，21 世纪不动产是特许加盟商家，裕丰地产、大唐地产等则是合伙制商家。而贝壳则往往与安居客、58 同城等被列为同类的线上平台。

我们还往往将提供 B 端（商家端）作业工具的软件供应商称为 SaaS 服务商，早期也叫企业 ERP（企业资源计划）。有通用底层 SaaS 或 ERP 的供应商用友、金蝶，也有各个垂类行业的 SaaS

服务商，比如房产行业的巧房、好房通，健身行业的三体运动，泛教育行业的百家云，等等。

而位于供应链上游的供给侧品牌，我们往往定义它们为生产制造商。最典型的莫过于家居装修行业，比如提起东方雨虹，大家就认为是做防水涂料的；提起曲美，大家就认为是做品牌家具的，等等。

然而，在产业互联网的背景下，上述几类产业链中的角色，正在或者说已经处于深度融合、共生的状态。平台与商家的边界越来越模糊，甚至 SaaS、供给侧生产制造商也频频越界。生活服务行业的商业模式变革在模式升级、数字化升级之余，开始面对角色升级的挑战。而这种变化的背后，我们解读出两重含义——

第一重含义，产业互联网时代，平台与商家的边界已经渐趋模糊。超大型商家已经完全具备了平台属性，而产业类平台也纷纷下场自营或深度参与商家业务。平台与商家从两种单纯的角色，变成了可以混为一体的属性。

第二重含义，即便平台与商家的边界渐趋模糊，但模糊之下仍有边界。无论哪一种角色，向产业链中的其他角色延展时，都要审视其必要性和可行性。哪怕拥有极大的既有优势，也不代表角色的延展是安全和成功的；相反，只有符合必要性和产业规律的角色融合或延展，才具备更大的产业价值。

以下，我们就来逐一阐述上述观点。

# 产业互联网时代：平台与商家的边界渐趋模糊

平台是连接者、匹配者和市场规则设计者，是一种促进生产者和消费者进行价值互动的结构。生产者和消费者进行的信息、商品与服务、金钱的交换，通常被认为是平台的核心互动。平台自己往往不介入生产，它的角色是构建一个有着活跃核心的双边互动市场。

如图 2 - 1 所示，如果把互联网时代分为上下半场，则在上半场的消费互联网时代，平台主要负责的是海量流量的分发，以及平台自身不断扩大地域、商家的范围；而其他所有围绕交易、履约、供给相关的职能，都由线下商家完成。到了下半场的产业互联网时代，平台从流量职能向交易及履约职能转变，供给侧的能力从由商家自建变成由平台统一标准化，商业模式也从 B2B、B2B2C 进化成 S2B2C。由于平台覆盖的终端门店的规模远大于单个商家，且平台制定的全城协同、全角色互动的规则也远复杂于单个商家，所以当平台提供供给侧能力、做交易管理的时候，带来的平台内多角色的互动频次会明显增高，进而提高商业效率，实现双赢。而这种产业互联网模式下的平台，既可以是传统流量平台下探而成，也可以是超大型商家上扬而来。本节就首先来解读一下，互联网时代的下半场，平台和商家的边界是如何渐趋模糊的。

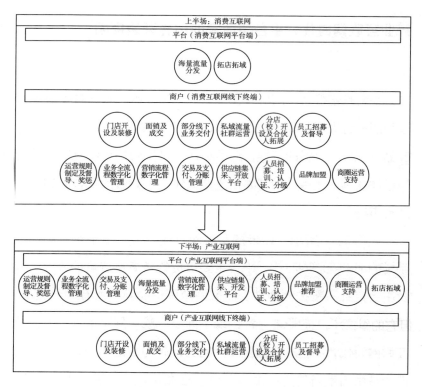

**图 2-1 互联网时代上下半场中的平台与商家**

> **商家上扬：平台型商家 = 全闭合型平台**
>
> 案例：链家 | 贝壳 | 华住 | 携程

《平台革命：改变世界的商业模式》一书是这样定义平台的：平台是一种基于外部供应商和顾客之间的价值创造互动的商业模式。平台为这些互动赋予了开放的参与式的架构，并为它们设定了治理规则。平台的首要目标是：匹配用户，通过商品、服务或货币的交换为所有参与者创造价值。

举个例子，某一家大型直营连锁房产经纪公司的总部中台部门，应该包含品质管理、规则管理、策略管理、门店及人员分级管理、角色分边及佣金管理等诸多平台属性的职能，这个中台部门在本质上就是平台。因为它通过开放式的规则，组织了商家（该公司旗下的门店）与客户（消费者）的交互，为每一个角色创造了价值。而这个公司的门店部门则是商家属性，因为它们是实现双边价值互动的单元体，是一次交易的交付和履约者。即使这个公司的商家部门，除了直营门店，还可以接纳加盟门店、合伙制门店，甚至不同品牌的第三方门店，它仍然是一个"平台型商家"，因为它的业务运营管控规则、供给侧、交付侧是统一的，但它的组织形态和协作形态都属于平台模式。所以，这时候平台和商家的边界就非常模糊了。这个超大型商家，可以称为平台型商家，也可以称为全闭合型平台。

如果上述的理论还有些生涩，我们不妨再举一个例子。链家并不是创立贝壳时才成为平台的。链家之前就已经是平台了，其大中台就是平台的本体，而门店则是商家。创立贝壳之后，本质上更像是链家的大中台更换了一个独立品牌的名称并进行了大幅的再次进化，同时其门店品牌从单一自营变成了多品牌协作。所以，链家当时就已经是一个超大型商家，同时也是一个全闭合型平台。创立贝壳之后的链家，或者准确地说是链家门店，因为失去了中台的平台组织，才拥有了真正的商家属性。而贝壳的本质依然是一个外延和规模更大的平台型商家，只不过因为 GTV① 规模到达了一个很高的数据水平，所以被更多人视为一个全闭合型平台。

超大型商家的这种自下而上的上扬模式，其业务管控一开始就是全闭合和全标准的。与此同时，很多行业本身的交易闭环发生在线下，闭环链路长且复杂，从避免门店逃单、飞单的角度来说，全闭合更成为很多行业几乎唯一的选择。不仅前述案例中的贝壳如此，酒旅行业中也不乏同类的商业样本，比如华住集团。

有趣的是，大部分人看到华住会 App 以及华住集团旗下酒店品牌的时候，对它们的第一印象仍然是具备比较纯粹的商家属性。一是因为大众对所谓酒旅平台的认知根深蒂固，认为好像只有携程、同程这种在线流量分发模式才是平台，也就好比认为房产行业中只有安居客、房天下才是平台一样；二是华住会 App 流量有限，华住集团旗下酒店品牌数量不多，似乎不足以构成平台的体量。但是我们要知道，需求侧规模（App 的活跃用户数）与供给侧规模（酒店可入住房间规模）并不是决定一个主体属性的决定因素。单从华住集团为其旗下高、中、低档酒店提供的供给侧、交付侧、需求侧一应俱全的标准和服务来看，这就是一个和

---

① 指扣除了退货等情况后的交易总额，是以电商企业为代表的零售行业常用的业绩评价指标。

贝壳模型极其相似的全闭合型平台，也叫平台型商家。携程是平台，华住也是平台；就好比安居客是平台，贝壳也是平台。产业互联网时代，平台和商家再也无法明确地区分开来，它们从单一的角色名词变成了属性名词。

> **平台下探："平台 + 商家"的共生形态**
> 案例：美团｜快驴｜58 同城｜安居客｜天鹅到家

在本地生活服务行业的超大型商家不约而同平台式上扬的同时，服务于这些商家的在线流量平台也早已纷纷不同程度地下探，自上而下地变成了"平台 + 商家"的共生形态。比如天鹅到家，其保洁业务是全自营模式，保洁业务就是一个商家型业务（大型保洁公司）；而其家政业务（保姆、月嫂、育儿嫂等）则是给服务者分发流量，通过家政经纪人（平台销售）完成匹配撮合，是典型的平台模式、双边匹配撮合形态。这就是"平台 + 商家"的共生体。

再比如，大家对美团外卖的第一印象已经是一个"外卖骑手平台"，而忘记了它的核心能力是匹配餐厅和用户之间的餐饮需求和配送需求，也就是流量的分发和匹配能力。而一旦一个平台对上游的流量分发和下游的交易闭环、线下交付实现了封闭标准管理，它就有能力进一步渗透进中间的其他产业链环节。比如美团的快驴就大举进军供应链环节，美团买菜则是自营的社区团购业务，美团优选切入即时电商赛道，美团的自营药店则开始切入垂类（垂直领域）的终端交付。但即便如此，一个平台如果选择开放，它的规则对自营商家和第三方商家平等，也允许第三方商家保留自己完整的业务规则和策略，那么其自营业务和第三方商家业务还是可以和平共存的。比如，一个商家可以选择接入美团外卖，但不使用美团的堂食团购和快驴，或者使用美团的快驴作为供应链，但不接入美团外卖。美团的这些业务模块如果是非捆绑的，那么虽然平台进入了产业的深水区，但其本体依然是平台，商家业务只是一个分支。这种平台与商家的共生体，我们更愿意称为"交易服务型平台"，而不是平台型商家。这和前述贝壳的案例就截然不同了。

和美团这样的"平台+商家"的共生形态有类似之处，58同城的房产业务也经历了从单一的流量分发平台转向交易服务型平台的过程。无论是 58 同城的房产业务，还是 58 同城旗下的安居客，早期都和房天下等媒体网站一样，通过匹配供给侧房产经纪人的房源信息和需求侧找房者的找房行为，创造双边匹配撮合价值，进而通过流量端口的销售盈利。早期的商业模型中，平台的服务边界仅限于流量分发完成；一旦商机进入经纪公司内网，后续的转化链路和交易过程，58 同城是无从管理也无从知晓的。而近年来，随着贝壳等新一代产业模式平台的竞争加剧，58 同城的房产业务先后推出商家 SaaS 系统巧房、新房交易服务平台 58 爱房以及自营房产经纪公司合和致远、中原安佑等，与原有的新建商品房、二手房、租房、商业地产等流量广告业务共生共存。

这种复杂的"平台＋商家"的共生体组织中，既有针对全域商家开放的流量采购业务，也有针对部分商家赋能的 SaaS 系统业务，还有针对新房联卖交易闭环管理的新房交易业务，也有集团控股的自营经纪公司。不同业务的竞争对手在另一个业务条线上又是客户，但这正是产业互联网时代的特色。

其实，不妨做一个简单的类比：58 爱房的新房联卖业务是交易闭环，只有部分商家参与，其上游流量分发和下游交易管理都是完全标准的，平台从新房交易的佣金里后置收费，这项业务可以类比为美团的外卖业务。而 58 同城和安居客的传统流量生意，则类似美团的堂食团购业务，无论商家接不接美团外卖，都可以继续从堂食团购获客并从平台采购流量。而巧房业务则类似美团的餐饮 SaaS 和收银 SaaS 业务。58 同城的自营经纪公司，则类似美团自营的社区团购或药店业务。总之，无论是美团还是 58 同城，抑或京东，都已是"平台＋商家"的复杂综合体——在不同的业务线上，它们和商家既可能是上下游关系，也可能是竞争关系。

既然商家可以向上生长成为全闭合型平台，传统流量平台当然也可以向下生长成为交易服务型平台。这两者的区别就在于全闭合还是半开放。自上而下的下探生长模式，由于原流量平台的市场红利在很长周期内一定仍然是主力的现金牛，所以很难断臂再造，绝大部分商家选择融合生长。另外，由于人才、组织、业务经验等的缺失，流量平台下探的难度远大于自下而上的商家上扬。所以，流量平台的下探也没有能力直接做模式的硬切换。这导致当下主流的生活服务平台都是纵横交错的复杂结构，与商家是相爱相杀的复杂关系。我们甚至可以认为，这种关系未必就是最终形态，产业变革或许会不断驱动这种形态继续变化下去。

## 本节总结

- 在产业互联网的背景下，平台、商家、SaaS 系统、供应链四类角色，正在或者说已经处于深度融合、共生的状态。生活服务行业的商业模式变革在模式升级、数字化升级之余，开始面对角色升级的挑战。

  ◇ 在产业互联网时代，平台从流量职能向交易及履约职能转变，供给侧的能力从由商家自建变成由平台统一标准化，商业模式也从 B2B、B2B2C 进化成 S2B2C。

  ◇ 由于平台覆盖的终端门店的规模远大于单个商家，且平台制定的全城协同、全角色互动的规则也远复杂于单个商家，所以当平台提供供给侧能力、做交易管理的时候，带来的平台内多角色的互动频次会明显增高，进而提高商业效率，实现双赢。

- 产业互联网的时代，平台与商家的边界已经渐趋模糊。平台与商家从单纯的两种角色，变成了可以混为一体的两种属性。它们从单一的角色名词变成属性名词。

- 链家并不是创立贝壳时才成为平台的。链家之前就已经是平台了，其大中台就是平台的本体，而门店则是商家。贝壳的本质依然是一个外延和规模更大的平台型商家，只不过因为 GTV 规模到达了一个很高的数据水平，所以被更多人视为一个全闭合型平台。

- 既然商家可以向上生长成为全闭合型平台，传统流量平台当然也可以向下生长成为交易服务型平台。这两者的区别就在于全闭合还是半开放。

## 模糊之下：平台与商家仍应有边界和规律

案例：东方雨虹 ｜ 东易日盛

尽管产业互联网时代的平台与商家的边界渐趋模糊，但是，任何一种组织体内部，其平台部分的定义、边界和商业回报，以及商家部分的定义、边界和商业回报，都仍然可以被清晰地标示出来。甚至当 SaaS 供应商、供给侧生产制造商等其他角色也进入平台属性层，开始做本体价值之外的延伸价值时，我们依然有必要把它们切割成多个不同的主体或角色来对待——无论从其在平台中的价值贡献的角度，还是从商业利益分割的角度。否则，很难判定角色的升级究竟是有利于自身发展的，还是一个伪命题。

仍然用上一节使用的案例，一家大型连锁房产经纪公司，其总部的中台相当于平台部分，其门店相当于商家部分。那么，平台部分一定会向商家收取平台管理费，即从不同类型的收入中抽取固定百分比的管理费。而对应这部分管理费，中台（平台属性部分）提供的价值也需要一一对应，比如是否提供了流量分发，是否提供了 SaaS 工具，是否提供了统一的供应链供给和品质管理，是否提供了业务督导的运营规则和奖惩机制，是否提供了统一的交易管理标准和交付场景，是否提供了标准的准入机制和分配机制，等等。中台提供的价值不同，或者不同阶段提供的价值种类不同，都会使得平台收取管理费的百分比不同，这是一个公司内部的平台和商家动态平衡的过程。比如，如果总部平台不给门店提供流量分发服务，每家门店独立获客，那么平台收取的管理费可能是 $X$；如果总部平台提供流量分发服务，它收取的管理费可能就变成 $X + Y$。如果 $Y$ 值大于或等于公司整体采买流量和运营流量的成本，对平台而言就是可持续的。而对商家而言，如果 $Y$ 值带来的收益高于门店自己采买流量的收益，则这项收费也是可持续的。这就是边界，也是平台模式和传统特许加盟模式的不同。虽然看来好像都是一个总部平台对不同零散的门店的统一标准和赋能，但传统的特许加盟很难做到完全从商业结果导向做价值和分工的再次调优；而平台模式则是一种全商业闭环生态下的倒推，是市场活跃竞争下的自然进化。

再举一个角色边界外扩的案例。一家供应链制造企业开始制造业的服务化转型，也就是准备亲自下场做服务本体，那么我们应该在这个链条中，把该企业分成两个角色和两个财务单元来观察。比如，东方雨虹是一个做防水涂料生产制造的上市公司，它可以借助自己的供给侧优势进军房屋装修维修的服务业市场，这种增值业务类外扩属于有条件但不必要。反之，如果是装修行业的龙头公司，比如东易日盛要去上游建设自己的供应链工厂，则就是有条件且有必要。因为装修行业竞争的本质，已经从营销侧的内卷掠夺，变成了供给侧的品质和价格。那么，以下游的规模化覆盖和去销售化能力为前提，建构上游自有的供应链，则是行业龙头发展的必然趋势。事实上，包括东易日盛、博洛尼、业之峰、欧派、索菲亚、尚品宅配等在内的一干装修商家，都早已同时成为上游的生产制造厂商。可见，产业互联网时代，平台、商家、SaaS、供应链等多种角色互为转化关系，但一切角色转化的前提，都是其必要性和可行性。

## 本节总结

- 产业互联网时代，平台、商家、SaaS、供应链等多种角色互为转化关系，但一切角色转化的前提，都是其必要性和可行性。

  ◇ 任何一种组织体内部，其平台部分的定义、边界和商业回报，以及商家部分的定义、边界和商业回报，都仍然可以被清晰地标示出来。

  ◇ 传统的特许加盟很难做到完全从商业结果导向做价值和分工的再次调优；而平台模式则是一种全商业闭环生态下的倒推，是市场活跃竞争下的自然进化。

# 产业互联网时代的三种平台类型

产业互联网时代的三种平台类型分别是：纯流量型平台，交易服务型平台，全闭合型平台（平台型商家）。这三种平台在本章前几节都有所涉及。这里，我们再次把这几种平台的演变历史与动机、平台和商家的关系等核心问题，做更专项、更深入的讨论。

> **纯流量型平台**
>
> 案例：房天下

早期的几乎所有生活服务行业的平台，都是纯流量型平台。通过双边需求的匹配撮合，把有效商机分发给线下商家或服务者，收取广告费用。很长一段时间内，此类平台的销售毛利率甚至可以达到 80% ~ 90%。纯流量型平台做的是"泛商机"的生意，它们的服务边界仅限于将聊天信息或电话信息给到商家或服务者。而商家为了承接、转化这些泛商机，不得不成为一个"商家 + 电销公司 + 广告公司 + 自媒体公司"的庞大组织。在早期以SEM（搜索引擎营销）、信息流广告为主要获客渠道的时代，各种生活服务行业的大型商家搭建了包括广告投放部门、营销着陆页设计部门、在线网络咨询销售、电话销售、门店面销等在内的一整套营销团队；而到了短视频、直播时代，各类商家又需要自建自媒体能力，从内容创作、制作、直播到营销号的打造、社群管理，又是一套高成本、高复杂度的"商机承接转化组织"。当这几套组织并行的时候，大型商家的本质已经从生活服务变成了广告营销。

　　图 2－2 是一家只有几个校区的培训机构在抖音的自媒体营销业务流程图，而一般的中大型培训商家往往会在抖音、快手、B 站、小红书、天猫、微信公众号、视频号、网易有道、腾讯课堂、得到等一干自媒体平台进行全方位营销，这还只是它们在主流的信息流以及搜索渠道之外的创新营销部门。从这些夸张的细节中就可以看到，今天的中大型商家的营销成本已经高到什么程度——在动辄花费上亿元的广告经费投放给流量平台之余，还需要再花费更多的成本去组织团队运营、转化、留存这些流量。究其原因，就是因为这里的流量是"泛流量"。平台并没有将有效用户做精确区分，反而将所有销售线索一股脑儿高价卖给商家。平台做泛商机，商家做商机的承接转化，造就了一个时代的生活服务行业平台的标准打法，但这恰恰是平台和商家之间形成的一个特别不合理的边界。

　　近年来，虽然流量平台逐年提高流量价格，生活服务行业商家的投产比却在逐年降低。商家只有依靠不断提高服务的客单价来平衡自己的财务状况。进而，高额的客单价又带来了更大比例的客户退费和投诉。一旦此类客户付费主要来自金融垫付（如培

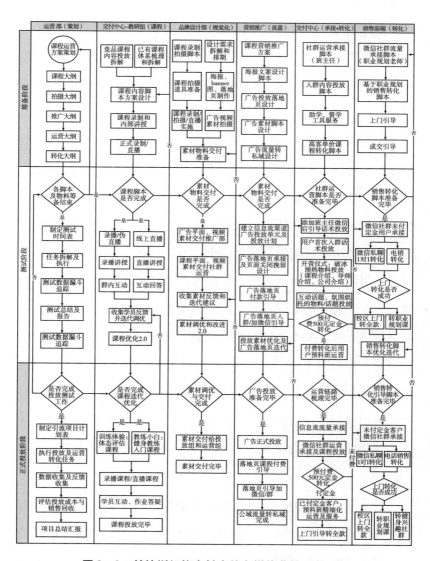

**图 2-2　某培训机构在抖音的自媒体营销业务流程**

训行业的学费分期付等），那么坏账率和坏账代偿就会逐年提升，成为压垮商家的最后一根稻草。

而当商家逐渐看清了这种产业结构和价值分配的不合理之时，商家尤其是超大型商家的行动就开始了。不同生活服务赛道的商家纷纷尝试自下而上地平台化，衍生出产业互联网化的平台模型。虽然并不是每个行业都出现了贝壳、途虎、华住这样的产业互联网巨头，但趋势所致，也让纯流量平台不得不重新定位。

这样，整个一轮的平台革命下来，本书所阐述的三种平台类型逐渐清晰：一部分超大型商家自下而上生长，成为平台型商家（如贝壳、我爱我家等）；一部分纯流量型平台自上而下产业化，成为交易服务型平台（如 58 同城、安居客等）；还有一部分纯流量型平台继续停留在传统模式上，保留一定的现金流和高利润，但已无资本想象空间（如房天下等）。整个过程中，大型平台在越界，大型商家在越界，一些老牌的流量平台阵亡，一些中小商家在回撤归位。几乎每条生活服务的赛道都在重写和再造的过程中。

## 交易服务型平台
### 案例：美团外卖｜58 同城

交易服务型平台，顾名思义，就是指平台从早期的只提供流量分发，开始进入产业腹地，对交易闭环的全链路进行服务和赋能。

交易服务型平台可以从顶层分为两种类型：交易闭环发生在平台，交易闭环发生在商家。如果交易闭环发生在平台，则相当于平台就是交易平台。平台可以通过交易闭环收费，而不需要前置收取流量广告费。比如美团外卖就可以通过每一个外卖订单完成后的抽佣实现商业收入，而不再是前置性地售卖流量或广告位。如果交易闭环发生在商家，那么平台就不是交易平台，而是"交易服务"平台。它很难从闭环的交易中抽佣（因为交易是否发生很难判定，交易的资金也不在平台监管或留存），但这并不妨碍它把对商家的服务从单一的流量输出延展到更多。比如为商家提供 SaaS 工具、供应链、金融产品、培训产品、人力招募服务等，这些都可以通过前置的独立商业产品进行收费，无须捆绑在每一个订单完成的闭环收入上。比如 58 同城的房产业务，就针对不同需求的商家，把流量分发、巧房 SaaS 服务、金融垫佣、招聘及培训服务等单独拆分成不同的商业产品，进行组合或拆分的前置收费，而二手房的闭环交易仍发生在每一个线下的商家内部，平台不干预、不抽佣。

需要说明的是，提供交易服务的平台并不适合简单地把每一项服务分割成独立、平行的单元体，让商家像进入自选超市一样随意组合。对平台而言，这样的商业形态价值不高；对商家而言，选项又太多，因为即便平台不提供这些零散的交易服务模块，社会上的第三方公司（如独立的 SaaS 服务商、金融服务商、培训公司、招聘网站、供应链公司等）也都可以提供每一项独立的服务，商家本来就可以自由地选购和组合。平台如果只是单点加入，则最多是给每一项服务类目增加了一个可选服务商而已，并不会从本质上改变模式。

平台既然进入了产业交易服务的腹地，就应该尝试和商家就该产业更高效率、更高价值的服务链路和方法的实现建立深度共识。基于这些共识，平台可以推出平台层的业务运营规则和标准（非流量分发规则和标准），将流量、SaaS、供应链、金融等多要素纳入这套运营规则，进而形成解决方案，整体输出，然后根据商家使用解决方案的成效，对商家进行分层分级，最后影响商家的资源分配结果和商业付费结果。这样一来，平台就不单单是在售卖服务，而是在通过售卖服务或者说整体解决方案，引导商家和服务者做更高效、更正确的动作。而商家如果接受这套平台逻辑，就需要开放自己的内网系统的各种数据接口（API）对接到平台，才可以让平台通过商家的业务行为、交易行为的数据回传，判断商家是否符合平台的业务运营规则和标准。这样，双方的数据、规则、标准都进行了深度打通并达成共识，又不会影响商家独立作业、独立交易和个性化运营规则的完整性。这已然就是一种开放平台的价值观了。比如，58 同城房产和安居客就推出过针对中大型品牌商家的"优品旗舰店"产品，在制定了平台侧对二手房经纪业务的业务规则、交易规则和品质标准之后，通过和商家内网的数据打通，组合商家产业层和交易层的行为数据结果，反过来影响商家获取流量的能力，以及具体是哪名服务者获得流量。这就把流量从交易外围的泛商机的出售单元，变成了"商机＋驱动因子"的业务抓手；平台也从和商家平行站位的流量供应商的角色，变成了站在商家背后的赋能者和商家管理能力增强的助推者。

如图 2-3 所示，这就是 58 同城房产和旗下的安居客平台在房产经纪行业提出的开放平台架构。与贝壳的全闭合平台不同，58 同城房产的开放平台在哪些动作由平台完成、哪些动作由商家完成上做了深刻的思考与区隔。比如，协议层就是商家的底层运营规则和个性化文化，58 同城房产开放平台将其完全留给商家自己决定；而如果商家入驻贝壳，协议层就需要被贝壳的规则和文化替代。在作业层，58 同城房产的角色是赋能者、加强者，运营依然由商家自己解决；而贝壳的 CA（客户成功经理）会替代商家的商圈经理做运营，直接管理门店和房产经纪人。在资源层，58 同城房产是开放性前置自选收费；而贝壳是闭合型后置佣金提点。在增值业务的新房、金融、装修等利润层，58 同城房产做底层供应商和集采商；而贝壳做全封闭、必选项管理。显然，交易服务型平台在管控上弱于全闭合平台，在效率上一般也会低于全闭合型平台，但在对商家的友好度和开放性上会优于全闭合型平台。

然而纵观所有的生活服务行业，流量平台转型大多要么直接转型成交易服务型平台，要么继续停留在流量变现，很少有停留在交易服务层却不进入交易闭环的形态。究其原因，做交易服务的难度远比做交易闭环更大。交易闭环是一个确定的封闭形态，

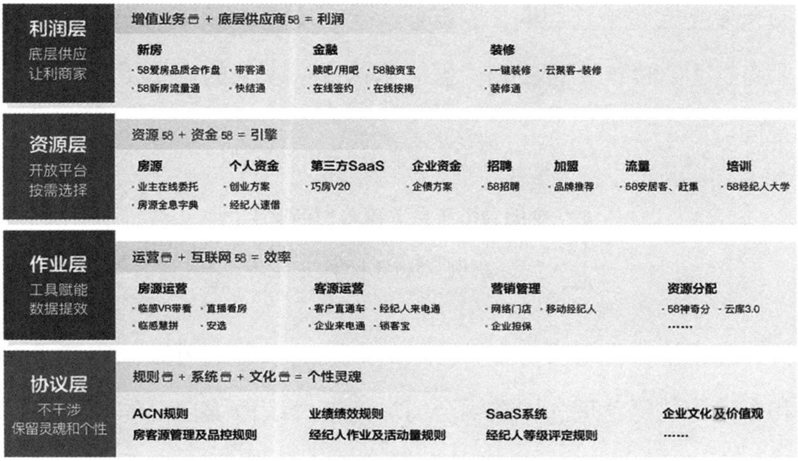

**图 2-3　开放平台的商业架构**

也是一个更容易被资本市场读懂和认可的形态；而交易服务则是一个开放平台的形态，是对商家管理能力和业务效率的增强，并不直接干预商家的交易行为本体。所以，交易服务模式往往需要在平台真实帮助商家实现大幅成长之后，通过平台侧商业产品的升级，最终实现平台的收入提升。后者周期长且建立在双赢基础之上，而前者立竿见影且无须考虑其他商家的成败。再加上开放型平台的升级，在平台内部需要革新 B 端（商家端产品）、C 端（客户端产品）、商业端（商业付费产品）、城市销售侧等几乎所有关键产品和关键部门的规则、利益甚至个人绩效，如果不是强力的自上而下的变革，一般很难形成气候及规模。所以，至今为止，我们能看到的基本还是交易闭环平台，而少有交易服务型平台。但是，对于双边（供给侧和需求侧）动态均衡的行业、对于交付发生在线下且周期长的行业、对于交易难闭环的行业，交易服务这个灰度的平台策略，恰恰也构成了未来的一个更大的想象空间。

> **全闭合型平台（平台型商家）**
> 案例：贝壳丨华住

如果说，交易服务型平台中的入驻商家普遍可以保有其灵魂和个性化的经营理念，在平台的加持下继续做强自己的中台组织和系统规则的能力，且可以在开放平台的架构中进退自由，那么，全闭合型平台中的绝大部分商家则只能保留其品牌运营和组织运营的职能，包括品牌文化、组织成长等，而将几乎全部的业务运营交由平台托管。这时候，全闭合型平台的商家虽然有不同的品牌，但其供应链、业务规则、SaaS 系统、流量分配、交易闭环、金融售后、增值业务等业务类模块，都将完整地接受平台的标准化，甚至绝大部分直接由平台代偿。在这种场景下，商家就是纯粹的交付端，而供给端和需求端都托管给平台。也正因为此，我们才把这种全闭合型平台称为平台型商家。

贝壳就是全闭合型平台，在其发展的前两年时间里，就有超过 300 个房产经纪品牌加入，这其中不乏 21 世纪不动产、中环地产等门店规模庞大的品牌。我们不妨通过表 2 – 1 来对比一下，一家独立的房产经纪公司在加入此类全闭合型平台前后，其供应链（房源库、楼盘字典、VR 拍摄等）、流量、SaaS 系统、业务规则（ACN 等）、组织结构、交易闭环、增值业务（新房、金融等）、经营成本、收入构成以及平台和商家的边界等都发生了哪些变化。

表 2-1　　　　商家加入全闭合型平台的前后对比

| | 加入前 | 加入后 |
|---|---|---|
| 供应链（房源库、楼盘字典、VR 拍摄等） | 自己建立楼盘字典，自己拍摄 VR，自己搭建企业内使用的公盘库 | 使用贝壳的全城通用公盘库，使用贝壳的楼盘字典，使用贝壳的 VR 拍摄；自有供给侧并网完成后消失 |
| 流量 | 企业或房产经纪人自行采买第三方流量（平权模式，谁花钱谁获得流量） | 贝壳按平台规则统一分发流量（从交易闭环中抽佣，流量前置不收费。效率模式，谁做得对谁获得流量） |
| SaaS 系统 | 自研 SaaS 或使用第三方 SaaS | 使用贝壳统一 SaaS 系统 A+ |
| 业务规则（ACN 等） | 自己制定房源、客源、交易等业务规则 | 关键规则全部使用贝壳全城统一规则，跨品牌使用经纪人协作网络 |
| 组织结构 | 自己有后台、中台、前台 | 前台门店保留，后台部分品牌和组织职能保留，其他职能托管给贝壳 |
| 交易闭环 | 自己做统一交易闭环管理和资金管理 | 在贝壳的交易大厅和资金监管通道做交易闭环 |
| 增值业务（新房、金融等） | 自己独立决定新房、金融等非二手房业务的策略 | 新房、金融等全部由贝壳统一标准化管理和督导，在贝壳新房和金融业务闭环内完成 |

续表

| | 加入前 | 加入后 |
|---|---|---|
| 经营成本 | 重成本，人力组织庞大，技术研发成本、流量采购成本等极高 | 轻成本，前置付费的项目极少，人力组织大幅缩水，技术研发归零 |
| 收入构成 | 全部收入归企业所有 | 根据二手房、新房（又区分商机是否来自贝壳）、租赁、装修等不同业务线，贝壳按平台规则收取佣金，剩余部分由品牌商家及其旗下门店进行再次分配 |
| 平台和商家的边界 | 商家的中台相当于平台职能，前台门店相当于商家职能 | 丧失平台职能，只保留前台门店的商家职能 |

不难看出，一个独立品牌的商家加入类似贝壳这样的全闭合型平台，成为平台型商家旗下的一个品牌，其收益与代价是共存的：在大幅度降低自己的各类成本和经营风险的同时，品牌也丧失了继续独立存在的基础条件和组织能力。这也就意味着，商家退出全闭合型平台的难度是巨大的，约等于重建。所以，从贝壳成立之初直至今日，反对的声音从未停止，但加入者也不在少数。但凡对自己独立性有极高要求的地方龙头商家，或者对保有自己独立个性和灵活性有执着追求的商家，一般不会加入此类平台；而中台能力相对薄弱、管控及业务闭环能力薄弱或者经营利润难以持续的商家，则很容易选择进入此类平台，以规避风险。当然，借助投资、收购等资本的力量，此类平台也能撬动一些全

国连锁型品牌公司加入。此外，由于数字化程度高、标准化程度高，同时增加了对服务环节的"切片"和细分，贝壳也极大地降低了对商家个人能力的依赖。换句话说，就是商家对平台、数字化和标准流程的依赖程度越来越高，这意味着其脱离平台独立作业的难度越来越大。而没有加入此类平台的独立商家，它们更多依赖明星服务者、高单产服务者的个人能力去实现业绩突破，服务者则更依赖自己的经验和能力实现业绩突破。

前文曾举例过的华住集团和贝壳的模式就非常相似，也是一个全闭合型平台。加入华住，一个商家或加盟商只能做品牌类型的选择，包括经济型的汉庭、宜必思等，中档型的全季、桔子、星程等，高档型的禧玥、美仑等，以及豪华型的宋品等。但一旦加入，小到洗漱用品的牙刷、梳子，大到酒店的整体装修，从 SaaS 系统、流量接口到定价规则、房间供给，从供给侧、需求侧到交付侧的标准和实施，都由华住来定义。商家或加盟商在加入之前，可以有基于房间睡眠、会员优惠等独立的业务体系和个性化的理解，但一旦加入华住，就只有华住会 App 统一的会员成长体系和优惠政策等。商家加入华住，就相当于剥离了其原有的中后台能力，蜕变成一家或多家有前台职能的商家，在收获品牌、标准、高效和极大地降低成本之外，一定程度上丧失了独立性和个性化。当年，链家可以一夜之间和 58 同城、安居客停止合作，从此以后链家的所有供给侧信息（独家房源）再也没有出现在 58 同城、安居客的流量平台上。那么，华住这类全闭合型平台，也一样可以做到和携程、同程的瞬间断联，因为所有商家的底层业务系统和数据接口已经完全不由商家自己决定了。只不过华住这类平台型商家自有流量不足，体量和市场占有率也没有大如贝壳，同时携程等线上平台也暂时没有威胁到它们的线下利益，所以，这种全闭合型平台和交易服务型平台通过数据接口仍然保持着流量采买和流量售卖的关系。而这在房地产行业绝不可能出现。竞争、竞合、覆盖、赋能、替代、增强……这些看上去矛盾重重的词汇，也在这个时代以某种微妙的平衡方式共存于平台和商家、平台和平台之间，而这正是产业互联网给本地生活服务行业带来的新机遇。

**本节总结**

- 产业互联网时代的三种平台类型分别是：纯流量型平台，交易服务型平台，全闭合型平台（平台型商家）。
  - ◇ 整个过程中，大型平台在越界，大型商家在越界，一些老牌的流量平台阵亡，一些中小商家在回撤归位。几乎每条生活服务的赛道，都在重写和再造的过程中。
- 如果交易闭环发生在商家，那么平台就不是交易平台，而是"交易服务"平台。它很难从闭环的交易中抽佣，但这并不妨碍它把对商家的服务从单一的流量输出延展到更多。
- 平台做泛商机，商家做商机的承接转化，造就了一个时代的生活服务行业平台的标准打法，但这恰恰是平台和商家之间形成的一个特别不合理的边界。

- 把流量从交易外围的泛商机的出售单元，变成了"商机＋驱动因子"的业务抓手；平台也从和商家平行站位的流量供应商的角色，变成了站在商家背后的赋能者和商家管理能力增强的助推者。

- 全闭合型平台中的绝大部分商家只能保留其品牌运营和组织运营的职能，而将几乎全部的业务运营交由平台托管。

- 竞争、竞合、覆盖、赋能、替代、增强……这些看上去矛盾重重的词汇，也在这个时代以某种微妙的平衡方式共存于平台和商家、平台和平台之间。

# 第三章

## 平台：四种问题引发的商业模式再造

　　和平年代，一个行业很难有内生的再造需求。但随着时间的推移，和平年代也会持续滋生两大问题。第一，平台方（红利持有方）会因为财报压力而在商家侧持续涨价，并很快因为到达商家接受程度的临界点而触达平台自己的收入天花板。这时候，平台将面临第二曲线、第三曲线的选择问题。第二，商家侧持续被平台挤压利润空间，会源源不断地有强烈的摆脱平台控制的愿望。于是，在自建 SaaS 系统、自建 C 端流量能力等方面，大型商家乃至中型商家，都会持续地试验和创新。而随着这些创新的深入，大型或中型商家会出现不同时期、不同种类的"不良反应"，比如"基因"不匹配、战略失能、转型受挫、利润收窄、效率降低，等等。于是，当这两大问题随着数字化转型升级时代到来而爆发的时候，就到了生活服务行业模式再造的最佳时机。

　　在生活服务行业的模式再造之前，平台与商家可能有两种关系：一种是竞争关系，即平台推出了一种可以在线交付的解决方案，完整地覆盖、替代商家的服务，两者在竞争同一批用户——用户选择线上就会放弃线下，选择线下就会放弃线上——两者是绝对的竞争关系；另一种是上下游关系，即平台提供流量，商家付费采买，两者秋毫无犯，是供求关系，但也在价格上进行零和博弈。上述两种关系的平台在过去几乎无一例外地遭遇了以下四种问题中的一种或几种：商业模式演变，供需双边动态均衡，收入遭遇天花板以及商家成长倒逼。这些原因使得那些原本的资本宠儿或红利持有者，不得不从舒适区走出来，拓展陌生的业务，内生出自我变革甚至自我颠覆商业模式的成长需求。本章将逐一来分析这四种问题引发的平台侧的商业模式再造。

## 商业模式演变带来的变局 1：覆盖关系 vs 赋能关系
案例：Keep | 乐刻运动

虽然大部分本地生活服务行业天然有线下交付的基因，但这并不意味着互联网创新者会放弃底层颠覆的机会。比如教育行业和健身行业，虽然都有无数理由可以证明这两类行业线下交付的合理性和不可替代的价值感，但纯线上教育、纯线上健身的平台还是层出不穷。Keep 就是典型的在线健身平台之一，它倡导用户通过 Keep App 里的视频及直播课程、健身计划等，直接在家里完成诸如塑形、健身操、瑜伽、舞蹈、格斗、普拉提、冥想等。绝大部分健身房、瑜伽馆的业务被 Keep 在线化了。

Keep 于 2022 年 2 月 25 日向香港联交所递交了招股说明书，并于 2023 年 3 月 28 日更新了招股说明书，我们可以通过招股说明书里详细的财务数据，观察 Keep 这种对线下商家而言是竞争关系或者说覆盖关系的商业模式。Keep 自 2019 年开始尝试多线布局商业化，到 2020 年，其商业收入从原有的付费视频、App 会员拓展到如今的三大业务——自有品牌运动产品、会员订阅及线上付费内容、广告及其他。这三大业务分别对应电商、个人付费、广告及线下收入。但我们如果从商业模式的本质来观察，就不能平行地观察每一种商业模式的营收，而要区分其本体收入和增值收入。

在线健身平台，其本质是匹配健身需求者和健身供给侧的价值互动。所以，在线健身平台的主体收入还是自有品牌运动产品，会员订阅及线上付费内容收入。2020 年至 2022 年，Keep 的会员订阅及付费内容收入占比分别为 30.5%、34.4%、40.4%。如果按 40.4% 这个比例计算，Keep 在 2022 年的营收为 22.1 亿元，那么，会员订阅及线上付费内容收入大约是 8.9 亿元。

我们拿 Keep 和爱奇艺进行举例。第一，Keep 的年卡会员是 248 元，和爱奇艺黄金 VIP 包年费用相差不多。但是，爱奇艺一年的会员服务收入可以达到 100 亿元以上，对比 Keep 的十几亿元，说明泛娱乐用户基数和垂直服务业用户基数有质的差距。第二，我们还可以把 Keep 的会员费和线下健身房、瑜伽馆的客单价做一下比较。按照北上广深的线下机构的小团课（如私教每小时

200 元）的客单价计算，单个付费用户年度的付费成本在 1.8 万 ~ 2 万元。所以，一个线下店中高质量的会员，只要是有私教需求的，年度消费应该有 Keep 用户的 70 ~ 100 倍。

因为这两个天然的差距，Keep 的商业模型面临很大的局限性。如果保持对线下健身房的绝对价格优势，Keep 在供给和交付方式上就只能保持"视频录播课 + 直播大课"的模式（这两种交付形态几乎都是无互动和无指导的；其中，直播大课由于是 1 人 vs 多人的形式，和视频录播课其实没有本质区别）。唯有这样，Keep 的低成本客单价才成立。但这也就意味着无服务的纯内容交付，更意味着受众被圈定成价格敏感型用户。显然，这还是在用互联网最经典的低价策略去打击线下店，追求规模。然而，Keep 的用户增长却又不是低价策略带来的自然增长，仍然是依靠高额的付费推广拉升的。尤其是在 2021 年，为了冲击上市，Keep 前三季度的销售及营销费用在营收中的占比从 2019 年的 27.3% 暴增至 70.6%，这也导致 Keep 在这三个季度的亏损额扩大到了 6.96 亿元。一方面，高额的付费推广和低客单价之间无法形成正向的 ROI；另一方面，Keep 用户和泛娱乐用户相比是低规模的，和线下竞品相比是低客单价的，这就造成平台在本体业务上很难保持长期高速增长。

于是，互联网行业的"羊毛出在猪身上"的理论再次浮现，进而衍生出了 Keep 的电商和广告业务。但即便当其增值业务（如电商）的收入占比超过本体业务，依然难解商业模式的困境。

第一，用户漏斗会在增值业务进一步衰减。如果说第一层的用户订阅付费就已经只有不到 10% 的用户能转化，那么到第二层的周边产品电商购买，用户基数会进一步衰减。第二，对于没有自有供应链和生产制造能力积淀的互联网平台而言，赚取电商商品的零售渠道费用，其毛利率是远低于个人付费业务甚至广告业务的。如果一个商业模式的本体业务缺乏长期成长性，依靠拼贴组合其他类型的周边业务则更难成立，毕竟每一个业务领域都有垂直于此的专业服务商与之竞争。所以，一个垂直平台要解决商业模式的天然局限性，就得回归本体业务进行再造。

Keep 于 2018 年推出的 Keepland 线下运动空间就是纯在线模式向 OMO（线上和线下深度融合）模式的一种自我进化，也是将自己积累的海量用户资源进行商业变现的正确途径。然而，其纯自营的定位，既缺乏开放性，平台又缺少线下运营基因和经验，所以，Keepland 自推出之后并没有收到预想的效果，反而在包括新冠疫情在内的多种原因下关店频频。最终，Keep 才于 2022 年推出了与传统健身房合作的"优选"模式——由 Keep 操课教练团队（供给侧的标准化服务模块）入驻合作健身房，运营团操课程。从开放性和架构性上观察，"优选"模式更符合行业的需求，也更符合 Keep 平台的升级再造需求。

而此时，回顾 Keep 的商业模式变革历史，从低价个人付费和与线下商家完全竞争，到个人付费、电商、广告并举，多业务线创收，再到大举开设自营门店，线上流量线下变现，直至今日的开放赋能，供给侧及流量侧和传统健身房全面合作，一个平台如果不能随着服务行业的变化而不断优化甚至再造自己的商业模式，就很容易被自己早前定义的商业模式限制成长空间。而且，无论是纯在线模式还是线上线下一体化运营模式，和商家是纯竞争关系还是竞合关系甚至赋能关系，都决定了该平台的战略和资本运作方向。比如，如果 Keep 仍然是以低价策略扩大用户规模，不做线下健身房的生意，那么既然本来的低价策略不赚钱，就要花最大的力气做好"羊毛出在猪身上"的业务，这样，Keep 就将最终变成一家运动类商品的生产及零售公司，变成阿迪达斯、耐克、lululemon 以及一干智能硬件公司的直接竞品。而如果 Keep 选择开放自己的流量和运用供给侧能力，去赋能传统健身房，去升级和标准化健身房的团操课，那么，它的竞争对手就变成了超级猩猩和乐刻，而它的潜在深度合作伙伴就变成了中田健身（加盟连锁健身机构）、赛普健身学院（健身教练培训机构）以及三体云动（健身房 SaaS 服务商）等。

图 3 – 1 是对上文案例分析的要点图示。

大型商家都是有平台化野心的，尤其在资本的助推之下。如果 Keep 不能迅速转型成一个 OMO 的产业互联网平台，那么，乐刻和超级猩猩不会错失这个窗口期。以乐刻为例，它显然没有把自己定位成一个线下的连锁操课门店，更不是单一的健身品类，它早就把自己定位于上述 Keep 的转型目标——S2B2C 模式下的

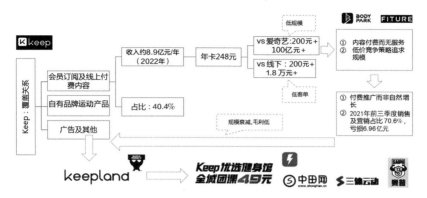

图 3-1　Keep 商业模式的演变

健身运动行业的产业互联网平台。S 端是一个大的供给侧平台，大幅度提高供给侧效率和质量；B 端是海量的商家，从机构到服务者；S 端和 B 端一起服务于 C 端，也就是消费者，其中 S 端对 B 端不是管控关系，而是赋能关系；赋能的内容也不单单是 SaaS 系统或者流量输入，更重要的是上游供应链的整合，运营规则和策略的输出，以及数字化的解决方案。乐刻运动旗下的乐刻健身、LOVEFITT、FEELINGME、FitTribe 等都是线下门店的直营商家品牌，而 17 练是入驻平台的第三方品牌健身馆，LITTA 则是和 Keep 等在线健身平台竞争的居家健身服务品牌。上述几种类型的健身终端和场景都使用同样体系的产品中台和供应链中台，包括健身教练、课程体系、会员体系、数字化产品以及标准化的业务策略和消费策略等。乐刻的平台（S 端）解决了用户在线化、多业务协同化、数据可沉淀等问题；而商家（B 端）对消费者（C 端）的服务过程和服务结果全程透明化，并给平台段（S 端）实时反馈，从而提升平台（S 端）对商家（B 端）的服务效率。这种 S2B2C 的产业互联网模式，既可以由超大型商家升级而来，也可以由纯线上流量平台下沉而来。但一旦谁获得规模化先机和在行业中模式验证的成功，则将在后续占据绝对的优势。

图 3 – 2 是对上文案例分析的要点图示。

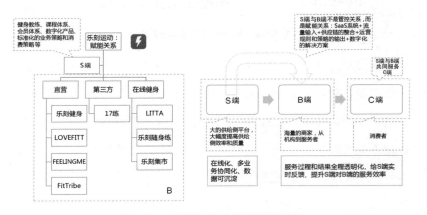

**图 3 – 2　乐刻运动的商业模式解析**

虽然健身行业的平台下探和商家上扬都仍在如火如荼地演进，但无论如何，平台的商业模式再造已经不可避免，而平台和商家的关系则成为模式再造中的核心问题。

**本节总结**

- 如果一个商业模式的本体业务缺乏长期成长性，依靠拼贴组合其他类型的周边业务则更难成立，毕竟每一个业务领域都有垂直于此的专业服务商与之竞争。所以，一个垂直平台要解决商业模式的天然局限性，就得回归本体业务进行再造。

- 回顾 Keep 的商业模式变革历史，从低价个人付费和与线下商家完全竞争，到个人付费、电商、广告并举，多业务线创收，再到大举开设自营门店，线上流量线下变现，直至今日的开放赋能，供给侧及流量侧和传统健身房全面合作，一个平台如果不能随着服务行业自身的变化而不断优化甚至再造自己的商业模式，就很容易被自己早前定义的商业模式限制成长空间。而且，无论是纯在线模式还是线上线下一体化运营模式，和商家是纯竞争关系还是竞合关系甚至赋能关系，都决定了该平台的战略和资本运作方向。

## 商业模式演变带来的变局 2：单点经营 vs 全链路经营
案例：KnowYourself | 壹点灵 | 美丽修行 | 17173

如果说上一节阐述的商业模式的演变是从一种二元对立走向相互融合，那么，还有一类商业模式也天然存在进化的可能性和必要性——相对单一的商业模式。从单点经营走向全链路经营，也成为众多生活服务行业平台的共识之选。

从心理咨询这个行业来观察，如前文阐述的，这个行业既有类似 KnowYourself 的纯社区、纯媒体，又有类似壹点灵的纯流量撮合平台，而这些不同类型的商业模式能否带来足够动力的商业成长和用户成长，则是我们观察和理解的关键。

一个平台初创时期的定位和商业模式往往来自创始团队对行业需求、用户需求的理解。以 KnowYourself 为例，其创始人团队是心理学专业出身，有明确的行业愿景和使命感。于是，KnowYourself 呼吁用回归区域化的生活方式，去对抗全球化的趋同性；用回归线下的生活方式，去对抗移动互联网的孤独；用私人化的生活对抗公共性对人们的侵蚀；用平凡的正当性，战胜必须成功的心态带来的焦虑和迷茫。可以说，KnowYourself 的初心是围绕着解决时代带来的个体的"异化""去人化"的问题而展开的，尝试通过社区、媒体以及小型社会实验来创造一种新的生活伦理。

所以，KnowYourself 要做的事情是帮助更多人更清晰地认识自我，改善精神健康状态，提升幸福感。所以，心理咨询只是其达到目的的手段或路径之一，但不是终极目的。既然要解决的是低焦虑人群的普世性问题，那么，选择纯媒体和社区作为平台的主属性载体，而不是直接指向心理咨询的交易双边匹配，就变得顺理成章了。

KnowYourself 旗下的月食 App，把社区、聊天室和在线工具清晰地分成三个 Tab 页，纯粹的社区交流和沉浸式氛围呼之欲出。KnowYourself 的用户大多来自一线、二线城市，年龄在 18 ~

30 岁，其中 70% 为女性，80% 为本科以上学历。低焦虑人群的泛心理诉求中，最火的是亲密关系，还包括情绪管理、人际关系以及原生家庭影响等。整个月食 App 中甚至找不到任何一个推荐心理咨询师的列表，它可以被视为"流量撮合匹配"的更前一步——让年轻人在成长中被忽视的郁结和伤痕被一种温和的社区模式正视、抚慰和化解，以及在社区陌生但有共同语言的人际关系中获得陪伴、启蒙、觉醒的一个过程，或者形象地形容它为一个自我探索的"树洞"。

而以壹点灵为代表的另一类心理咨询平台，则可以视为 KnowYourself 的后一个步骤——各种分类索引下的列表页搜索和双边匹配。这类平台假定了用户已经明确了自己的咨询需求，而平台的作用就是双边的匹配撮合。比如 App 首页有小窗口直接引导用户进入售前客服。可见，平台配置了售前人员，对每一个有点击、触发行为的用户进行强营销、强转化，进而把有效商机分发给入驻平台的咨询师。整个交易链路和闭环都在平台的管控之下。壹点灵的类媒体内容主要就是"问答"，而这也仅仅是咨询师为了增加一个吸引用户注意力的引流手段，类似安居客房产经纪人的"问答"一样，更像是一个挂着内容属性的流量入口。可见，这类平台并不尝试解决泛心理用户的"养成"过程，不尝试解决他们内耗、无法决策、拖延症等进入交易前的问题，而直接选择已经决策的用户，进行更直接的商业转化和营销。

这两种定位完全不同的平台，在资本市场的认可度上也未分高下。KnowYourself 在接连获得真格基金等知名 VC（风险投资）投资公司的投资之后，又于 2022 年 3 月宣布获得了 B 轮数千万美元的融资。而曾获得过 58 产业基金等多家知名投资机构投资的壹点灵，也在 2021 年 12 月获得了 2 亿元 B + 轮融资，进一步优化数字化医疗及心理全产业链布局。从资本市场这个视角看，聚焦于交易服务和强商业结果的平台，以及聚焦于媒体社区属性和泛用户留存的平台，目前都被认为有很大潜力。

我们首先来研究单点经营在商业上到底存在什么样的问题。任何一种垂直媒体，其流量变现都可以大略分为以下五种模式：

（1）全交易闭环，给自营或深度绑定的入驻服务者分发流量，收取交易管理费，如贝壳；

（2）全交易闭环，给所有入驻者分发流量，收取交易管理费或前置广告费，如美团；

（3）分发流量给商家，按 CPA（每次行动成本）或其他效果模式收取广告费，如 58 同城、安居客、新氧；

（4）分发流量给商家，按 CPM（每千人访问成本）或其他展示效果收取广告费，如 17173、美丽修行；

（5）分发流量给第三方广告主，按品牌广告收取广告费，如综合媒体门户、视频网站。

上述五种模式中，越靠前的模式，其流量做双边撮合匹配并进入闭环的交易履约，流量效率和交易质量越高。较靠后的模式，其流量只能按效果或展示售卖给第三方商家，只能一次性收取单次的新客收入，用户在商家的复购价值和平台无关。最靠后的模式，其流量不售卖给本赛道的商家或服务者，而按品牌广告的模式售卖给第三方客户，存在流量转化效率可能不高的问题，同时也面临垂直媒体总的用户基数不够大、对品牌广告主吸引力不足的问题。要从综合门户媒体和流量巨头的品牌广告预算中切分出足够大的市场份额，首要看的反而变成了用户的绝对规模，而不是匹配的精准度。

下面以 KnowYourself 和美丽修行（护肤品行业的垂直媒体）为例进行分析。KnowYourself 比较严格地遵循来自西方的规则：第三方不允许收取中介费用。因为在与心理健康相关的领域，不收取中介费用被认为能更好地保证中立客观性，更能保证客户利益最大化。所以，除在 KnowYourself 的微信公众号开放了一个给合作方心浪潮 psyByond 的心理咨询师列表页入口，KnowYourself 的其他商业回报均非来自对心理咨询交易的推荐或匹配。Know-Yourself 在当前阶段聚焦于优质内容和工具的知识付费、周边产品和线下活动的在线购买以及第三方品牌广告费（广告部分的流量变现模式对应上述的第五种模式）。即便在品牌广告收入中，KnowYourself 也声明不接受医美、医药、烟草等行业的广告，显示出其很高的价值观取舍。

美丽修行作为一个以"产品成分＋用户肤质"为基准的护肤

品行业的垂直媒体，旨在通过专业的数据积累和科学算法，为消费者提供精准的决策依据。美丽修行一方面有着极高的价值观取舍，另一方面有着媒体的敏感性和公允性，和护肤品商家保持着非常微妙的若即若离的关系。如果其不能保证榜单全部真实，是无法得到用户信任的；但如果放弃行业内的商家作为 B 端的付费对象，这部分精准流量的变现效率又会大打折扣。最终，美丽修行在商业化上选择了上述五种模式中的第五种——不去和任何一种护肤品的电商销售效果做任何关联，把所有的电商销售指向第三方网站（天猫、拼多多等）以实现免责；同时，仍然与世界 500 强的原料方和化妆品品牌方建立深度合作，从营销、数据分析服务以及中小样体验盒（根据不同类型肌肤定制的中小样方案盒）三类服务中向商家收取费用。究其根源，美丽修行的收入仍然归属于化妆品商家的广告预算，只不过从商业形态上避开了销售和效果的测算，以展示类广告、数据类服务等其他形式弱化了商业和内容的矛盾。这也是大部分垂直媒体常用的商业策略之一。

上述五种模式不是试图评判一种商业选择的好坏，只是研讨流量变现的效率这个商业问题。

以游戏行业为例，为什么一个"找游戏"属性的网站，远比游戏社区或游戏专区网站的商业收入多？比如，当年的多玩游戏网，其英雄联盟论坛的流量独步天下，凭借这样一个论坛的流量，就超过了绝大部分的游戏媒体全站流量之和，但其商业收入少到几乎可以忽略不计。再比如 17173，其网站首页的流量占比并不高，但恰恰这样一个页面的广告收入在其峰值时代能占到全端游行业在垂直媒体投放预算总额的 30% 以上。而 17173 的几百个游戏专区，其流量加总的数字也是高得惊人，但在商业收入上远不及网站首页。究其原理，垂直媒体的流量变现不是靠流量规模，而是靠流量的属性或者说目的。"找"这个动作的价值，远远高于"玩得更好"以及"和志同道合的人一起玩"。因为当年全端游的用户群体都到 17173 的网站首页来找游戏，用户属性全部是"找"，流量变现的效率就会高得惊人。而一旦用户找到了游戏，进入游戏，开始研究怎么玩（游戏专区）、和谁一起玩（游戏论坛）的时候，其流量变现的价值就大打折扣，因为用户一旦沉浸在一款大型客户端游戏中，很长一段时间内都不太可能再换另一款客户端游戏玩。这就导致在相当长的时间内，"找游戏"之外的用户商业价值无法凸显。

那么有没有可能把垂直媒体的主要收入来源建立在知识付费、电商等其他商业模型上呢？其实本章第一节已经讨论了这个问题。垂直行业的流量变现效率最高的一定是供给侧和需求侧双边匹配的业务；而其他"羊毛出在猪身上"的增值业务，依然只是增值业务，不能喧宾夺主。从这个视角看，纯媒体、纯社区也一定有一个需要深度涉足双边撮合匹配模式中的发展阶段。事实上，KnowYourself 打破单一商业模式的行动早已开始。双边匹配撮合并不一定体现在列表页的形式上，在 KnowYourself 的书信疗愈、IM 疗愈、AI 工具疗愈、线下正念冥想馆等产品形态上，已对低焦虑人群的心理服务进行满足——平台提供的已经是供给侧服务，而不是媒体类的决策依据。但是，如果以为把 KnowYourself 和壹点灵理解为一个整体，构成"媒体 + 渠道列表页"的综合体就可以解决双方的互补问题，就大错特错了。一个生活服务业的双边匹配平台，需要的不是简单的媒体内容逻辑和列表页逻辑的拼贴，而是基于供给侧和交付侧的深度数字化改造升级。如表 3 - 1 所示，从泛心理用户的画像出发，我们可以大略根据用户的刚性需求从轻到重、时效性要求从低到高、愿意支付的客单价从低到高把他们分为五类，分别是：泛需求人群（聚焦未被唤醒）、泛心理学习者（聚焦成长）、泛焦虑人群（聚焦成长）、弱事件人群（聚焦亲密关系）和强事件人群（聚焦亲密关系）。而针对每一类用户画像的心理服务需求，可以由弱到强、由低客单价到高客单价、由不依赖服务者到依赖服务者产生超过十种心理服务解决方案，包括图文社区、语音社区、线下社区等辅助疗愈的底层通用解决方案，也包括 AI 工具疗愈、书信疗愈、即时聊天疗愈、正念冥想疗愈、1V1 咨询等逐层递增的服务体系。针对每一种用户画像，组合哪些供给侧的服务能力进行双边匹配，什么渠道来源的用户需要先转化再留存，什么渠道来源的用户需要先留存再转化，以及在商业侧如何制定商业产品策略和收费体系，都是产业互联网平台应该解决的问题。

表 3 - 1　心理咨询行业的供给、需求、支付分析

| 渠道侧 | 形式 | 需求侧 | 供给侧（双边匹配撮合交易） | | | | | | | | | | 商业侧 |
|---|---|---|---|---|---|---|---|---|---|---|---|---|---|
| | | | 百科知识 | 媒体 | 图文社区 | 语音社区 | 线下社区 | AI工具疗愈 | 书信疗愈 | 即时聊天疗愈 | 正念冥想疗愈 | 1v1咨询 | |
| 抖音、小红书、微信…… | 先转化再留存 | 强事件人群（聚焦亲密关系） | | ✓ | ✓ | ✓ | | | | | ✓ | ✓ | 会员年费+重咨询（高） |
| 松果、壹点灵…… | 先转化再留存 | 弱事件人群（聚焦亲密关系） | | ✓ | ✓ | ✓ | | | | ✓ | | ✓ | 会员年费+轻咨询（中高） |
| KnowYourself, 月食…… | 先留存再转化 | 泛焦虑人群（聚焦成长） | | ✓ | ✓ | ✓ | ✓ | ✓ | ✓ | ✓ | | | 会员年底+增值业务（中） |
| KnowYourself, 月食…… | 先留存再转化 | 泛心理学习者（聚焦成长） | ✓ | ✓ | ✓ | ✓ | ✓ | ✓ | | | | | 会员年费（低） |
| 体检机构…… | 先留存再转化 | 泛需求人群（聚焦未被唤醒） | | ✓ | ✓ | ✓ | ✓ | ✓ | | | | | 免费 |

刚需需求更强，时效性要求更高

客单价更高

此外，对于心理咨询平台而言，所有入驻咨询师能否使用统一的数字化交付工具（包括视频直播、录像记录、AI 智能表情识别、语言语义识别、自动化记录报告等），能否有相对统一的服务标准（如使用的咨询方法、流派、组合、步骤、套餐、问卷、反馈、复购等），能否有基于服务质量、商业结果等综合评定的评价体系，能否有基于服务者评价和平台评价体系之上的平台定义的价格标准，以及根据上述多项规则综合定义的流量分发规则和列表页呈现规则等，都非常重要。这个相对复杂却公允的产业互联网模式规则，可以规避价格越高的咨询师排名越靠前，进而平台收取佣金越高的情况。当流量分发的匹配撮合逻辑和供给侧的规则与质量耦合时，产业互联网平台的建构才算完成。而这时候，类似 KnowYourself 现在的产品矩阵，可以视为需求侧用户的沉淀和留存场景；而类似壹点灵的列表页、详情页等产品，则可以视为商业变现的一种商业产品终端。

相对而言，在高决策成本、高客单价的心理咨询赛道中，有媒体和社区能力的平台对没有此类能力的平台会构成一种降维打击。因为用户的留存意味着其对品牌的认可，这也带来了营销转化的高效率以及交付侧履约的难度降低。更重要的是，通过媒体属性拥有大量自有用户的平台，一旦开启商业产品的流量外采，其平台整体的 ROI 会因为自有用户零采购成本的稀释，远远大于那些没有自有用户的平台。这种情况一旦发生，ROI 效率最高的平台，就可以通过市场投放把第三方综合流量平台（短视

频、直播等）中的大量用户吸引过来，进而再形成供给侧服务
者的快速聚合，供给侧和营销侧的高速成长最终可以形成飞轮
效应。

图3－3是上文案例分析的要点图示。

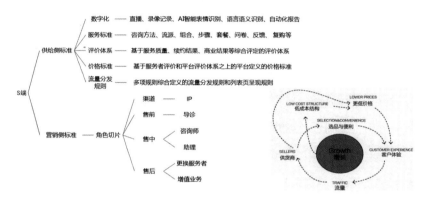

**图3－3　心理咨询行业的产业互联网进化**

## 本节总结

- 任何一种垂直媒体，其流量变现都可以大略分为以下五种
  模式：
  ◇ 全交易闭环，给自营或深度绑定的入驻服务者分发流量，收
    取交易管理费；
  ◇ 全交易闭环，给所有入驻者分发流量，收取交易管理费或前
    置广告费；
  ◇ 分发流量给商家，按 CPA 或其他效果模式收取广告费；
  ◇ 分发流量给商家，按 CPM 或其他展示效果收取广告费；

◇ 分发流量给第三方广告主，按品牌广告收取广告费。

- 五种模式中，越靠前的模式，其流量做双边撮合匹配并进入闭环的交易履约，流量效率和交易质量越高。

- 较靠后的模式，其流量只能按效果或展示售卖给第三方商家，只能一次性收取单次的新客收入，用户在商家的复购价值和平台无关。

- 最靠后的模式，其流量不售卖给本赛道的商家或服务者，而按品牌广告的模式售卖给第三方客户，存在流量转化效率可能不高的问题，同时也面临垂直媒体总的用户基数不够大、对品牌广告主吸引力不足的问题。

- 垂直媒体的流量变现不是靠流量规模，而是靠流量的属性或者说目的。

- 一个生活服务业的双边匹配平台，需要的不是简单的媒体内容逻辑和列表页逻辑的拼贴，而是基于供给侧和交付侧的深度数字化改造升级。

## 供需双边动态均衡带来的变局

案例：新氧 | 58 同城

　　本书第一章曾讲解过关于供需双边动态均衡与否对平台可持续发展的影响。在本地生活服务行业，供需双边动态均衡的行业占大多数。所以，很多垂直行业的平台，其发展轨迹往往呈现为抛物线形：平台横空出世时，头顶创新光环，有持续、高速的流量积累、商家积累，双边的匹配撮合带来的收入也是高速增长的；一旦平台达到一定规模，用户月活稳定在一定规模，双边的匹配撮合又仅局限于新客的首次交易，则收入瓶颈和资本想象空间的瓶颈会同时到来。这就是供需双边动态均衡的行业必然会面临的一个共性局面。

以医美行业的上市公司新氧科技为例，我们来看一下 2022 年 3 月 25 日新氧发布的 2021 年第四季度和 2021 年全年财报的数据。在新氧 2021 年度约 16.92 亿元的营收当中，除占比最大的信息服务和其他收入，其次就是预约服务收入，也可以理解为平台从单次交易中抽取的佣金，达 2.76 亿元。这就是供需双边动态均衡的平台做到的基于新客匹配后的交易佣金收入。但这 2.76 亿元的背后隐藏着的复购、NPS 等更惊人的行业 GMV 数字，却是平台难以企及的。

如果不能从用户全生命周期的交易闭环去做大商业收入，就只能继续扩大供需双边的规模，也就是商家端的机构数量和用户端的月活数据。事实上，新氧在 2021 年新冠疫情下的逆势增长是可喜的。2021 年，新氧平台付费医疗机构达 6634 家，同比增长 19.1%；移动端平均月活用户 850 万，同比增长 18.7%。然而，从绝对基数的角度看，供需双边未来可增长的绝对基数都不大，所以收入增长的空间是肉眼可见的。同时，供需双边规模的增长又是以营销成本的巨大投入为代价的，所以这种收入增长有可能还会带来利润负增长。此外，综合平台对垂直平台的围剿也从未停止，比如以抖音、小红书为代表的擅长通过短视频、KOL 种草的平台，以美团为代表的有海量流量分发能力的平台，以及以天猫为代表的具有高度品牌溢价价值的平台，都在以各自的长处吸引商家，稀释垂直平台的用户。多种原因综合起来，一旦垂直平台的广告收入见顶，平台就会面临资本估值下滑的风险。而此时，第二曲线的开启以及开启路径就非常关键了。

常见的生活服务类平台的第二曲线，都是围绕交易和供给侧去变革。在动态均衡的行业，交易侧和供给侧又是息息相关的。供给侧有三种可能的变革方案。

第一种是平台开启自营品牌的商家模式，横纵通吃，比如前文提到过的 Keep 开设 Keepland 健身房。但这种模式下，除非平台自营的业务发展到极大的一个 GMV 和市占率规模，否则，既达不到第二曲线的概念和规模要求，还可能导致原有其他商家对平台的态度发生变化甚至集体抵制平台。

第二种是平台拿出一部分流量，不再按广告模式售卖，而是替换为交易闭环后的佣金提点模式。但是，交易发生在线下，供需双边又动态均衡，所以，显然不是所有商家都可以用这种玩法。商家的 SaaS 系统、供给侧资源标准化、交易交付或售后监督等很多关键环节，需要被平台控制，或者替换为平台的。

比如，在房产经纪的供给侧，可以细分出一类"美居"房源，也就是平台或平台旗下公司为业主的老房装修美化之后再次出售的房源。这部分房源相当于平台以装修美化为代价获得了不可逆的供给侧控制力，不存在被线下交易飞单的可能性。所以，这部分房源的发布和推广就可以从前置流量收费，进化成后置佣金收费，这类房源的流量配给就不再需要按广告模式收费了。

但这种模式同样也有缺陷。首先，管控非自营商家的难度不亚于猫抓老鼠，即使商家使用了平台提供的内网 SaaS，也不排除双系统运行继续飞单的可能性。其次，如果平台提供的依然是以流量为主的服务，只是从前置的广告收费变成了后置的交易收费，那么平台想靠收费模式变化而增收，商家显然是不会答应的。而如果平台要提供流量之外的服务，则对商家而言，要考虑平台新提供的这部分服务和商家自有能力重叠的问题；对平台而言，则是要考虑庞大的线下赋能实施团队的成本问题。最后，假如按照这种收费模式运营的商家是少数，那么平台还要面临如何平衡广告模式付费采买流量的客户效果问题。假如保证广告模式下的流量效果不变，那么也就意味着，给到这批收费模式发生变化的商家的流量规模是基本不变的。这时候，如果交易收费的总额大于广告收费，唯一合理的可能就是商家的效率要极大提高、收入要明显提高，且这些需要是平台新模式和新服务的赋能带来的。这就要求平台在流量分发的规则、效率提升的赋能以及精细化运营的指导上，给这批商家极大的支持，才有可能带来长期的双赢。

第三种是增加或覆盖某一种或几种业务品类，把品类从供给侧到交付侧做成平台的自营或联营业务，从而在品类上做出第二曲线。比如当年的美团从堂食发展出外卖业务，就是典型的这种理论的最佳实践。而在房产经纪行业，无论是贝壳还是 58 同城，都使用了这个方法，在原来的二手经纪业务之外，重点发力推广交易全闭环的新房联卖业务——从上游的新盘代理、新房频道流量分发，到售楼处案场专员、房产经纪人渠道确客，直至交易闭环、佣金垫付等，全部闭环在平台体系内完成。以 58 同城为例，在二手业务、租赁业务等原有的流量业务模式上，平台依然是收取流量广告费；而在新房联卖业务上，由于供给侧和交付侧都是平台闭环，所以可以按交易佣金提点的方式收费，从而构成平台的第二曲线。这个模式在本节举例的新氧也有明显的应用，或许可以视为医美行业平台打破供需双边动态均衡的方法。

在新氧 2021 年财报中，除信息服务和其他收入以及预约服务收入，还有第三类收入构成，就是其 2021 年收购的武汉奇致激光技术股份有限公司的设备和维护服务销售收入。这部分收入规模虽然不大（2021 年度收入 1.12 亿元），却在非手术领域提高了竞争壁垒，并改变了平台和商家的关系属性。根据 Frost&Sullivan 提供的数据，2020 年我国非手术医美项目服务量占比高达 75.5%。新氧近年来频频在上游供应链布局，重点发力轻医美。

新氧拥有微拉美代理权，已推出填补市场空白的玻尿酸产品爱拉丝提，以及武汉奇致激光的光子嫩肤，都是典型的供给侧某一特定范畴内的独立产品线。

如果流量平台能首先在上游的供给侧沉淀自己的能力，比如轻医美领域的电美肤、仪器抗衰、注射美容等方面的爆品、设备和服务能力，进而在一些深度合作的商家整体性入驻或替代其原有业务，形成可闭环、可管理的交易链路和数字化管控手段，这样，原来的前置性流量售卖，就可以演变成在这几个品类、这些商家当中提供包括流量、设备、供应链和部分交付的整体解决方案，进而从可持续的交易闭环中收费。这可以视为一种"店中店"模式的变体。当然，这种方法论在进入任意一条供需双边动态均衡的生活服务赛道时，都需要有足够的变体和个性化定义。还是以医美行业为例，一个医美机构采购了平台的轻医美设备之后，平台仍然很难准确看到每一笔订单的发生，因为商家给来访客户做轻医美的服务并不标准化，而服务者也不是平台的入驻者（入驻者指的是美团骑手或快狗司机模式）。此外，即便通过数字化系统、供应链等一系列生产要素把这条业务线的管理闭环了，也无法排除美容院的咨询师（销售）推荐客户购买利润更高且无须平台分润的服务品类的情况。这样，平台如何实现这条业务线在这类商家中的更稳妥闭环，仍然是一个有待行业研究的管理课题。

图3-4是上文案例分析的要点图示。

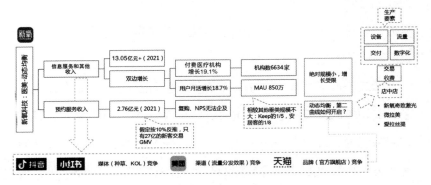

**图 3 − 4 新氧的商业模式分析**

　　打破平台双边动态均衡问题的，除了供给侧变革的上述三种方法，再就是供给侧加上交付侧一起变革。所谓交付侧变革，就是平台通过为用户提供更低价、更安全、更可信的销售过程和售后服务，引导用户选择平台指定的交易场景完成交易闭环，从而倒逼商家把订单闭环在平台上。需要注意的是，从交付侧视角而言，单纯依靠价格优惠（更低价）这个点往往是无效的。相信很多人都有过类似的体验：当你在餐厅或酒店前台出示大众点评或携程等平台的在线支付价格时，餐厅或酒店会告诉你，如果你还没有下单或者可以退单，那么门店也可以给你同样的价格甚至赠送更多优惠，如免费升级房间等。究其原因，平台可以把自己渠道抽佣的一部分利润拿出来作为低价折扣或红包给用户，但商家可以给到比平台更低的价格来避免平台对订单的抽佣。所以，能让用户倒逼商家必须在平台闭环订单的，只能是价格之外的交易保障（更安全、更可信），尤其是大额、高风险、非标的业务种类。

例如在房地产行业，一个大型房产经纪公司尤其是特许加盟类经纪公司，如何防止加盟商或房产经纪人飞单？事实上，这并不是靠平台花费了多少线下人力去督导、排查、钓鱼执法以及摘牌震慑，而是靠交易过程中公司总部（以及总部独家合作的第三方）能提供的诸如低成本金融服务、安全可信的资金监管服务、公司品牌承诺的先行赔付和风险承担服务等，让消费者倒逼加盟商或房产经纪人不得不选择在公司总部指定的交易大厅完成交易。同样地，在医美这样的大额、非标、高风险的行业，如果互联网平台方能对消费者维权、纠纷解决甚至先行赔付等售后服务建立专业公允的医美结果诊断评估标准，对商家也有基于消费者交易履约的专项合同约定和处罚权利，那么消费者就有可能把每一次的交易行为都主动闭环在平台上，以寻求在出现售后问题时有平台方出面解决。

无论采用供给侧的三种变革方案，还是供给侧加上交付侧一起变革，一个供需双边动态均衡的流量平台，从启动解决这个的问题的第一天起，就注定了要从高毛利的生意转入低毛利的生意，从短频快的生意转入中长期的生意，从标准化的生意转入非标混沌的生意，从有主动权的生意转入被动高风险的生意。但是，这也同时意味着一个比流量收入天花板可能高出 10 倍甚至几十倍的第二曲线出现了。从好做的生意进入难做的生意，正是这一轮周期里线上平台的必经之路。

## 本节总结

- 供给侧有三种可能的变革方案。

  ◇ 第一种是平台开启自营品牌的商家模式，横纵通吃。

  ◇ 第二种是平台拿出一部分流量，不再按广告模式售卖，而是替换为交易闭环后的佣金提点模式。但是，交易发生在线下，供需双边又动态均衡，所以，显然不是所有商家都可以用这种玩法。

  ◇ 第三种是增加或覆盖某一种或几种业务品类，把品类从供给侧到交付侧做成平台的自营或联营业务，从而在品类上做出第二曲线。

- 除了供给侧变革的上述三种方法，再就是供给侧加上交付侧一起变革。所谓交付侧变革，就是平台通过为用户提供更低价、更安全、更可信的销售过程和售后服务，引导用户选择平台指定的交易场景完成交易闭环，从而倒逼商家把订单闭环在平台上。

- 无论采用供给侧的三种变革方案，还是供给侧加上交付侧一起变革，一个供需双边动态均衡的流量平台，从启动解决这个的问题的第一天起，就注定了要从高毛利的生意转入低毛利的生意，从短频快的生意转入中长期的生意，从标准化的生意转入非标混沌的生意，从有主动权的生意转入被动高风险的生意。但是，这也同时意味着一个比流量收入天花板可能高出 10 倍甚至几十倍的第二曲线出现了。从好做的生意进入难做的生意，正是这一轮周期里线上平台的必经之路。

## 收入遭遇天花板带来的变局

案例：58 同城 | 房天下 | 17173

如果说上一节讨论的行业因为其自身的供需双边动态均衡带来了诸多发展瓶颈和困扰，那么，供需双边动态不均衡的行业是否就可以一直做原有的在线模式或流量的生意呢？答案也基本是否定的。因为按照常理计算，一个行业的 GMV 中，用于流量购买的占比一般在 6%～12%。另外一个维度则是，生活服务行业的平台基本都是针对 B 端商家或服务者收费，而商家和服务者的数量是有限的、稳定的，一旦平台成熟到覆盖了绝大部分商家或服务者，就会失去增长动力。而随着各个生活服务平台高速成长期的结束，目前我们能看到的绝大部分流量平台都正在或即将遭遇这个天花板。

不妨拿 58 同城在"二租商"（二手房业务、租房业务、商业地产业务）领域的业务来运用一下上述逻辑。全国有效活跃的房产经纪人总数在 120 万名左右，其中贝壳平台约有 40 万名房产经纪人。由于全闭合型平台的竞品关系，这部分房产经纪人可以约等于不会购买 58 同城的房产流量。那么，剩下的 80 万名房产经纪人假定全部购买 58 同城的房产流量，按照一名房产经纪人平均一年 8000 元（月度付费 650 元左右）计算，那么总收入就在 64 亿元。这很可能就是纯流量业务的天花板。

换另外一个逻辑再来参考，如果某一个自然年度，全国二手房成交的 GMV 在 5 万亿元（虽然官方统计的数据大于此，但考虑到全国还有大量双边"手拉手"<sup>①</sup> 的交易，所以估算有经纪行为的 GMV 会比官方数据少）左右的规模，按照全国二手房平均经纪佣金 2% 计算，二手房的佣金收入在 1000 亿元左右，则 64 亿元的收入天花板就占行业 GMV 总额的 6.4%，也已经在合理区间内。考虑到大量城市实际的低佣金成交，假如全国平均佣金不足 2%，这个占比可能实际更高。那么，当这两组数据都达到瓶颈，也就意味着哪怕平台在流量市场赢家通吃，也很快会到达一个增长瓶颈。此时，如果不启动第二曲线，公司的未来想象空间就会受到很大限制。

事实上，如本书前面章节所阐述的，58 同城以及旗下安居客平台，在遭遇广告收入天花板之后，随即启动了包括新房联卖、SaaS 系统、自营体系等在内的创新交易型业务。而从流量广告业务切换到交易闭环业务，对平台而言意味着"横纵结合"。"横"，依然是对全域商家的流量售卖、提效赋能；"纵"，则是平台自己

---

① 指存量房（即二手房）的交易双方可以通过"一网通办"直接办理网签，而不必通过中介机构。

经营的诸如新房联卖业务、自营房产经纪公司业务，对"横"向的商家而言是竞争关系。而"横"与"纵"能否平衡好，商业上能否共存，则成为平台斡旋的关键。

　　这里最重要的问题是市场成熟度，也就是所谓的时机。早在2015 年，房地产行业流量最高的媒体门户网站房天下就开始了向交易平台的激进转型。当时，房天下在美股估值的峰值高达 70亿美元，流量能力更是没有敌手。它从信息平台转向交易平台，用和流量平台一样的"房天下"的品牌名称开设大量线下门店，变成了自己客户（当时的链家、我爱我家、中原地产、21 世纪不动产等）的竞争对手。此外，房天下的 0.5% 低佣金策略、利用信息平台之便的同行挖角、自营门店对平台上找房客户的截杀……各种不平衡的策略导致商家的信任危机。于是，商家集体倒戈到来之时，也成为房天下乃至整个房地产平台的转折点。房天下不但交易平台转型失败，原有的流量平台也被商家遗弃，进而被对手超越。时至今日，其企业估值仅剩几亿元，令人唏嘘。究其原因，虽然有品牌不脱敏、数据有泄露风险以及横纵业务本质矛盾等一系列原因，但最主要的原因还是市场成熟度。在当时的商家理解中，平台就是不能碰线下业务的，更不能开设自己的门店，否则就是既当运动员又当裁判员的双重角色。一旦如此，商家就要集体抵制平台。而到了 2021 年，58 同城和安居客的交易平台转型的激进程度，比当年的房天下有过之而无不及，但是并没有引起商家的强烈反应。这恰恰是因为贝壳 2017 年横空出世，已经用 5 年时间完整地"教育"了市场、"教育"了商家，让绝大部分从业者从心智上改变了对平台和商家边界的定义，也接受了平台经营交易闭环业务的合理性。甚至，因为贝壳这种大平台的崛起，使得中小品牌商家更希望有行业第二极出现。这时候，平台切入线下、开设门店、做交易闭环，都不再是一个绝对的禁区。虽然矛盾还在，但商家已然可以接纳共存、竞合共存了。

此外，平台做"纵"向业务的程度或者说占比有多大，以及"纵"向业务的流量获取方式和"横"向业务的流量分发机制的关系，则构成平台和商家关系微妙的平衡器。比如，游戏行业的第一媒体门户 17173，峰值时期可以拿到 PC 客户端网游在垂直媒体投放预算的 60% 的市场份额，可以认为已经达到了广告收入的天花板，而其拓展到手游、页游等轻量级游戏种类的媒体业务，又因为此类游戏在媒体网站投放预算过少，而难以成为第二曲线。于是在 2019 年，17173 开始走向行业上游，自己做起了游戏发行。以前 17173 做的是媒体网站，游戏发行商是平台的客户；现在，17173 既做平台的事情，也做和平台客户一样的事情。畅游 2019 年第四季度的财报显示，畅游的网络游戏收入同比增长 40%，环比增长 22%，其中最主要的就是《天龙八部荣耀版》的贡献。这是 17173 转型后发行的首款产品，月流水就已过亿。

但是，不难发现，虽然 17173 作为平台开始做商家做的事情，但是它同一时期只做了《天龙八部荣耀版》这一款手游的发行，而且这款手游的流量获取只有很少的占比来自 17173 本身，绝大部分流量依然来自在第三方平台的市场投放。这就符合了本节说的两个要素之一：平台做"纵"向业务的占比很低，且该业务的流量获取没有打破平台的流量分发规则。但切换到房地产赛道就是另外一番景象了。58 同城、安居客在切入自营房产经纪公司、新房联卖交易业务之后，自营房产经纪公司快速达到上万名房产经纪人的规模，新房联卖的交易业务也覆盖了几十座城市。此外，对自营房产经纪公司的房产经纪人而言，由于自营房产经纪公司对集团进行了整体内部结算，房产经纪人侧的感知变成了流量免费，只用从后续的成交佣金中缴纳平台管理费。这类规则的出现对非自营商家构成了现实和心理的巨大压力。这就是本节阐述观点的另一极：平台做"纵"向业务的占比很高，且该业务的流量获取一定程度上打破了原有的平台流量规则。

　　尽管如此，因为前文阐述的"市场成熟度高"这个因素占据了更决定性的地位，所以 58 同城、安居客的"横纵结合"仍然是成立且可行的。三年前，我曾经认为，以一座城市为单位，如果都大规模开展横向、纵向业务，是不太能成立的。因为横向的业务会获得商家大量的供应链、人员、交易等敏感数据，而纵向的业务的自营房产经纪公司会对横向业务的客户进行交易竞争、人员挖脚和资源碾压。这样，横向业务的商家大概率会集体抵制。但到了今天，随着商家宽容度的提升以及业务混合复杂程度的加深，横向、纵向业务同时在一座城市内大规模开展，变得可以被接受，竞合模式的外延也进一步扩大。这也是产业互联网格局下想象边界和传统边界不断被突破的最佳实践。

**本节总结**

- 当客户规模和收入占比数据都达到瓶颈，也就意味着哪怕平台在流量市场赢家通吃，也很快会到达一个增长瓶颈。此时，如果不启动第二曲线，公司的未来想象空间就会受到很大限制。

- "横"，依然是对全域商家的流量售卖、提效赋能；"纵"，则是平台自己经营的诸如新房联卖业务、自营房产经纪公司业务，对"横"向的商家而言是竞争关系。而"横"与"纵"能否平衡好、商业上能否共存，则成为平台斡旋的关键。

  ◇ 到了今天，随着商家宽容度的增加以及业务混合复杂程度的增加，横向、纵向业务同时在一座城市内大规模开展，变得可以被接受，竞合模式的外延也进一步扩大。这也是产业互联网格局下想象边界和传统边界不断被突破的最佳实践。

**商家成长倒逼带来的变局 1：先纵后横 vs 先横后纵**
案例：58 同城 | 安居客 | 贝壳

在一些市场份额相对集中的生活服务行业，流量平台有时候不仅会遭遇收入天花板的问题，还往往会同时遭遇超大型商家的倒逼。因为一个行业一旦出现打破平衡的超大型商家，也就意味着这个超大型商家随时有可能向平台型商家的模式演变。而一旦这种演变开始，则平台在失去一个最大的付费客户的同时，还将增加一个巨大的竞争对手。

这里的关键点就在于生活服务行业是高度分散型还是高度聚集型。比如职业教育行业里的一个代表性品类——泛视觉设计培训，其一年的总 GMV 大约在 100 亿元以内，但年收入超过 1 亿元的商家屈指可数，行业第一的培训机构（火星时代）的收入在 5 亿元左右，第二名（天琥教育）的收入在 3 亿元左右，剩余的大部分都在 1 亿元以下。这就是典型的市场高度分散的垂直行业。这种行业由于没有绝对的超大型商家，即使是行业龙头商家，也很难有实力（包括资本实力、业务实力）向平台型商家演进。所以，此类行业的流量平台完全不惧怕商家的倒逼，因为即使有倒逼，最多是流量采买价格的讨价还价。在高度分散型的行业，流量平台仍然占据着倾斜性优势。

但是，一旦一个行业呈现高度聚集型的格局，也就是行业第一、第二、第三的商家的市场份额都超大，且有高估值、高资本、高业务能力，这个行业的流量平台就很容易遭遇商家成长过程中的倒逼，而这种倒逼可以称为系统性风险。比如前文提到过的酒店、旅游行业，来自华住、如家等平台型商家的威胁或者说系统性风险，对携程等在线平台而言从来都没有停止过。而在房地产行业，这种系统性风险则已然发生。

从 2018 年链家停止和 58 同城、安居客流量合作开始，58 同城和安居客首先失去的是 10 万名房产经纪人的流量采购收入和链家的全部房源。而当链家快速升级成为贝壳之后，随着 21 世纪不动产、中环地产等超过 300 个房产品牌入驻贝壳，它们都在贝壳的统一规则下，只使用贝壳的流量，而不再采买 58 同城的流量，自然，它们也不会再把自己的供给侧房源上传到 58 同城。峰值时期，多达几十万名的原 58 同城的房产经纪人转战到了贝壳平台。而我国二手房房产经纪人总数也仅有 120 万名左右而已。

商家对平台的倒逼，远不止在平台采买流量的服务者减少，更重要的是模式升级带来的降维打击。由商家成长而来的全闭合型平台（平台型商家），其服务的深度和广度往往都是远超流量平台的。产业互联网有所谓的"先纵后横优势论"，也就是说，产业认知和资源的积累才是核心能力和资产。进而，如果一家企业先做"纵向"的产业模式，通过业务规则标准化、中台组织标准化、人才复制红利化以及完成从基建到内网的数字化沉淀，在业务层达到行业的绝对领先，之后发力线上流量的聚合以及 C 端用户产品的打造，最后再通过大量扩张终端门店（加盟业务、第三方品牌入驻平台等），把前述积累的中台能力、组织能力、人才能力、数字化产品能力、C 端流量能力以及标准化的业务策略能力，整体解决方案式地输出和赋能给扩张的门店，就能最终实现更大的市占率。

比如链家升级成贝壳。链家是一家有超 20 年沉淀的企业，而贝壳从问世至今也仅仅 5 年，从时间来看，就是典型的先纵后横。纵的能力，在链家时代以及贝壳时代，体现为诸如 2 亿套以上的楼盘字典数据，近千万套的 VR 全景房屋数据，上万名可随时外派的直营体系经营管理人才，成熟的经纪人协作网络的规则标准，等等。而横的能力，在贝壳上线之后，体现为几千万 MAU 的贝壳 App 流量聚合和分发能力，基于交易效率驱动的流量分发规则，几年内快速扩张到 40 万名房产经纪人、4 万家门店的规模能力，高达 70% 左右跨店合作率的平台协作机制，以及新房联卖等业务给门店带来的新的增长点，等等。

一旦先纵后横的全闭合型平台具有一定的流量分发能力，同时又革新了供给侧服务的协同标准和品质标准，那么，第三方品牌的入驻就会形成一种趋势。而入驻也意味着其与传统流量平台的合作停止。比如，一位入驻货拉拉或快狗的搬家师傅，就再也不需要自己去信息分类网站或搜索网站投放广告了，只需要等待平台派单即可；一名入驻贝壳的房产经纪人，原则上也不会再有动力去 58 同城、安居客购买端口，而更多的是努力做好贝壳要求的业务动作，从而争取获得展位资源进而获得商机。

而流量型平台的应战，一般都是先横后纵的。因为它们必然是先通过早期积累获得了大量商家的合作，有了"横"的规模基础，但缺乏"纵"的产业沉淀和能力积累，绝大部分平台也缺乏线下基因。所以，流量型平台在面临商家成长倒逼之时，就需要善用先横后纵的特殊场景，化劣势为优势。比如全闭合型平台的先纵后横是强管控、全闭合，对商家的自主权利有强阉割性；而先横后纵的流量平台就可以选择相对开放的平台策略，把自由和自主交还给商家，既部分规避了平台自身线下能力不足的问题，又为不愿意进入全闭合型平台的商家提供另一种选择。前面章节提到的 58 同城、安居客的房产开放平台策略，就是典型的先横后纵的应战案例：部分新业务交易闭环、SaaS 系统闭环，部分流量业务继续前置收费，部分产业类服务业务只做赋能增强，不影响交易履约仍发生在商家。这也导致了适合贝壳的商家选择进入贝壳的全封闭平台，而适合 58 同城、安居客的商家选择留下，从而形成了更健康、多元、灵活的优质行业生态。

图 3 - 5 是对上文案例分析的要点图示。

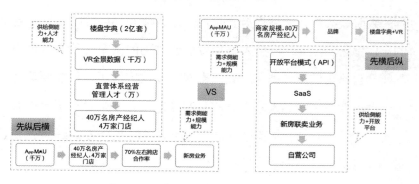

**图 3 - 5　先纵后横与先横后纵的对比**

## 本节总结

- 一个行业一旦出现打破平衡的超大型商家，也就意味着这个超大型商家随时有可能向平台型商家的模式演变。而一旦这种演变开始，则平台失去一个最大的付费客户的同时，还将增加一个巨大的竞争对手。

- 产业互联网有所谓的"先纵后横优势论"，也就是说，产业认知和资源的积累才是核心能力和资产。

  ◇ 如果一家企业先做"纵向"的产业模式，通过业务规则标准化、中台组织标准化、人才复制红利化以及完成从基建到内网的数字化沉淀，在业务层达到行业的绝对领先，之后发力线上流量的聚合以及 C 端用户产品的打造，最后再通过大量扩张终端门店（加盟业务、第三方品牌入驻平台等），把前述积累的中台能力、组织能力、人才能力、数字化产品能力、C 端流量能力以及标准化的业务策略能力，整体解决方案式地输出和赋能给扩张的门店，就能最终实现更大的市占率。

- 流量型平台在面临商家成长倒逼之时，就需要善用先横后纵的特殊场景，化劣势为优势。

  ◇ 全闭合型平台的先纵后横是强管控、全闭合，对商家的自主权利有强阉割性；而先横后纵的流量平台就可以选择相对开放的平台策略，把自由和自主交还给商家，既部分规避了平台自身线下能力不足的问题，又为不愿意进入全闭合型平台的商家提供另一种选择。

## 商家成长倒逼带来的变局2：两端闭环就可以同质化竞争

案例：途虎养车 ｜ 天猫养车 ｜ 京车会

　　上一节阐述的由于商家倒逼带来的平台模式再造，先纵后横的平台选择全闭合，而先横后纵的平台选择半开放，更大的原因是这类行业的交易很难在线闭环。所以，缺乏线下能力积累的平台，往往只能选择差异化的竞争方式。而一旦一个行业可以在流量端和交易端双向闭环，或许被商家倒逼的平台无须选择差异化竞争，可以无视先纵后横还是先横后纵的问题，而直接利用平台的流量红利和资本优势，弯道超车式地进行同质化竞争，甚至后发制人。汽车后市场的三足鼎立（途虎养车、天猫养车、京车会）就是一个典型的例子。

　　2022年1月24日，途虎养车向港交所提交上市申请。招股书显示，途虎养车2021年前三个季度的收入增长相比2020年同期提升了41.8%，从60亿元增长到84亿元。收入及规模持续攀高，毛利率持续向好，净利率的亏损也在持续收窄，不少行业人士认为，这意味着途虎养车基本"上岸"，即将成为汽车服务领域的"第一股"。

　　途虎养车成立于2011年，但汽车后市场的第一次大活跃发生在2013—2015年。那时，在微信公众号搜索"洗车"，都能找到上百家的 O2O 洗车公司。2014 年下半年到 2015 年年底，约 2 亿美元的投资流入了汽车后市场，绝大部分公司在当时 O2O 贴补大潮中变成了"1 分钱上门洗车""1 元钱上门保养"的模式炮灰。博湃养车、诸葛修车、i 保养等大量用互联网贴补模式做汽车后市场的公司，纷纷在 2015 年上证指数遭遇剧烈震动的股灾之后，没能得到资本输血而快速衰亡。

途虎养车和链家不同，并没有真正意义的线下组织先纵后横的成长经历。途虎养车在早期也只是途虎养车网这样一个电商平台。但在几乎所有同行都依靠资本概念和改造传统行业的概念，用贴补模式去最大化用户规模时，他们选择了从横向到纵向的转变——从在线业务红利转向供给侧和线下门店这两项"重"的生意。这在当时很难被理解，但现如今看来是又一个很有趣的"先横后纵再横"的典型案例。

途虎的第一步选择了轮胎。轮胎是刚需、低频、重资产项目，需要从经销商拿货，自建仓库和物流，对于试图用轻模式改造传统行业的一干创新者来说，这显然不是一个好选择。但是，这是一个对的选择。虽然每个生活服务行业的进化过程千差万别，但无一例外的是，用互联网的野蛮生长打法去"跨界打劫"的企业从未成功——无论是汽车服务行业的博湃养车、诸葛修车等，还是房地产行业的爱屋吉屋等。途虎选择轮胎，意味着它认识到供给侧比需求侧更重要，仓储、物流以及门店的价值比贴补"烧"来的 App 月活更重要，获得车主信任的品牌商品才能获得真正意义上的留存用户而不是流水用户。更重要的是，轮胎还是4S 店的弱项甚至空白项，是一个可以从线上切入线下的突破口。所以，在 O2O 大行其道的那些年，途虎看上去也是高举 O2O 大旗，但与其他公司是有本质差异的，这也是最后只有途虎突围而出的原因。

2015 年的途虎，从"途虎养车网"升级成"途虎养车"，去掉"网"字不仅耐人寻味，而且更加明确了其对产业互联网方向的洞察和决心。这一阶段，途虎坚持自营，不放水加盟和扩张规模，是"纵"的决心和积累。在上游建立自有的供应链，在下游成立自己的途虎工场店，从而实现两端可控的完整产业链条。在这个基础上，再通过 SaaS 系统提高门店的运营标准和效率；通过途虎养车的 C 端 App，逐步放大线上流量的能力。这样的线上线下一体化运营，从今天的视角看来，几乎是一个翻版的链家，也为它下一阶段成为贝壳这样的平台提供了可能。这种跨行业之间的模式耦合，也可以被视为本地生活服务行业的底层规律。

而到了 2018 年之后，途虎在上游的供给侧加深了品牌商（博世、邓禄普、3M、壳牌、美孚等在消费者心智中有明确价值的供应商）直供的服务深度，扩展 SKU 品类从轮胎到保养、养护、洗车、保险、事故车服务以及钣喷中心等，在下游持续扩大工场店的规模和网络效应，同时通过数字化升级加强作业流程的标准化和总部中台对门店的强管控能力。显然，这些都是在进一步向平台化做积累，在为从模式上升级成平台型商家做最后的准备。而此时，不难发现途虎养车身边已经没有其他垂直类的公司，它革命的对象变成了天猫、京东和美团。无论是保养类的机油、机滤，消耗品的雨刷器、防冻液，还是配件类的轮胎，乃至服务类的洗车、保养、维修，以往用户会在天猫、京东等在线电商平台购买，然后在社区服务店接受服务；而现在，越来越多的用户选择在途虎养车完成全闭环的交易。

随后的几年时间，途虎养车从直营门店开始外拓，大力发展加盟业务。截至 2021 年 9 月，途虎养车除 202 家直营门店，还拥有由 1538 名加盟商管理的 3167 家加盟途虎工场店。一家工场店面积在 300～400 平方米，平均工位数量 6.5 个，高于行业平均值。此外，途虎每个汽车工位的每日周转率达到 2.4 次，高于行业平均水平。规模之外的效率，是因为途虎养车长周期积累的纵向能力，尤其是硬基建方面的赋能。比如，在汽车配件数据库方面，途虎养车涵盖了 239 个品牌，超过 44000 款车，匹配准确度高达 99.94%。这种基建，就相当于链家以及贝壳的楼盘字典能力。而物流方面，42 个区域配送中心和 374 个前端配送中心覆盖了 300 多个城市，每月支持接收和派送 260 万条轮胎和 1050 万个其他配件。此外，截至 2021 年 9 月 30 日，在用户端，途虎养车 App 的平台注册用户量达到 7280 万，交易用户数为 1390 万，且用户复购率达到 62.9%。C 端用户的规模、B 端商家的规模，加上基于供给侧基建、数字化管理，以及仓储、配送、物流能力的硬实力，让途虎具备越来越大的网络优势和飞轮效应——更好的体验带来更多的用户，而更多的用户带来更多的加盟商。

随着腾讯投资途虎，途虎在随后进入了微信九宫格里的"出行"类目中，更意味着汽车后市场战场的升级。至此，在汽车后市场这个生活服务行业，商家成长倒逼平台的形态再次出现，途虎养车也成为典型的平台型商家。

图 3 – 6 是对上文案例分析的要点图示。

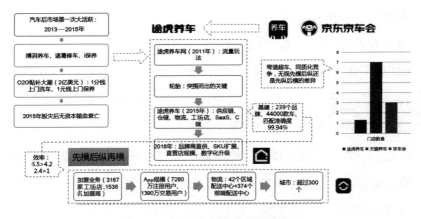

**图 3 – 6　途虎养车商业模式的变革**

那么，被倒逼的天猫、京东究竟要采用何种模式应对呢？

平台在选择来自全闭合型平台或者说平台型商家的模式倒逼时，一般有两个决策的依据：第一，总市场规模和这家平台型商家的市占率；第二，行业的交易闭环的难易程度以及闭环可否在线完成。我们不妨比较一下房地产和汽车服务这两个行业。

在房地产行业，贝壳和 58 同城覆盖了超过 95% 的现有门店和房产经纪人，没有未被开发的潜在市场了。与此同时，贝壳在很多大型城市的二手业务、新房业务的市占率已经超过 35% 甚至 40%，年度 GTV 也达到了几万亿元。而在汽车服务行业，途虎养车 60 亿 ~80 亿元的收入规模，相较于万亿级的汽车后市场体量，仍然是九牛一毛，市场远远没有达到稳定期。同时，全国下沉到县、乡、镇一级的海量的汽车服务中小门店，更是远远没有达到被收割殆尽的程度。哪怕是途虎启动了新一轮下沉策略，其二线城市以下县市的工场店数量占比由 2019 年年末的 13.2% 提高到 2021 年三季度末的 23.5%，下沉市场相对来说仍然是一片蓝海。从这个维度观察，汽车后市场完全有足够的体量和商家规模，去支撑起另外多个途虎。而房地产市场就不具备这个条件。

另外一个维度上，汽车后市场的消费属于中低客单价、短服务周期、可全额线上交易闭环。无论何种服务，用户都可以在途虎养车 App 中事先或事后完成在线交易支付。而房地产行业则不同，线上平台无论有多么完整的在线签约、电子合同以及在线支付、资金监管的 App 产品和金融科技产品，都无法让一个谈判交易周期长达 3 个月的线下重度交易行为完全闭环在线上平台。此外，房地产行业的居间撮合服务，双边都是不确定的服务关系，业主可以委托多家经纪公司，客户也可以通过多家经纪公司和多名房产经纪人找房，是否闭环取决于线下的人、价格和机会把握能力。而买房的支付和金融环节又异常大额、非标、复杂，无论是去银行柜面办理各类金融业务，还是去政府指定机构办理过户或公积金贷款事宜，都无法统一在平台的在线产品内部实现。综上可以看出，房地产行业的交易闭环难度非常大，而汽车后市场的交易闭环就相对轻松简单。所以，从这个维度看，汽车后市场的成熟模式的复制难度远低于房地产行业。只要平台有足够的流量优势，有足够的资金储备，快速复制有倒逼威胁的商家的商业模型，实现弯道超车就是大平台的第一选择。

天猫和京东也的确是这样选择的。和58同城之于贝壳的差异化竞争（开放平台 vs 闭合平台）不同，天猫养车和京车会从一开始就选择了同质化竞争。三大电商平台高度相似地进行线上流量分发、线下分等级的门店入驻以及交易闭环，2020年变成了汽车后市场的整合年、淘汰年。随着天猫、京东在资本层面不计代价的发力，途虎养车1.3万家的门店规模瞬间变成了行业第三——天猫养车的入驻商家高达7万多家，而京东也拥有了3万家以上的入驻商家。当两种成长路径、成长周期完全不同的商业组织，汇集到同一种形态的商业模式之后，同质化会达到什么程度呢？不妨对比一下途虎养车、天猫养车以及京车会线下服务体系的架构。

途虎的三个梯队分别是：合作店，星级认证店，工场店。

天猫的三个梯队分别是：喵养车，天猫车站，天猫养车。

京东的三个梯队分别是：合作店，优选门店，京车会。

不难看出，虽然每个平台的每个梯队具体的入驻细节规则不尽相同，但总体逻辑完全同质化，都是呈漏斗状递增，而且第一梯队的准入门槛几乎为零且不排他，完全是为了最大化竞争商家，这正是产业互联网所谓的"得商家者得天下"。于是，行业里出现了一个商家同时入驻三大平台的奇怪现象。这里有一个有趣的问题：为什么在汽车服务行业，一个商家可以同时接入三个交易闭环的同质化平台；而在房地产行业，一个商家就完全不可能同时接入贝壳和58同城自营这样的同质化的交易平台呢？

这里的差别在于：平台匹配撮合的双边，供给侧是否是确定的，或者是唯一的，甚至是实体商品化的。在汽车后市场行业，每一次服务本身都是清晰、明确、肯定的，供给侧是可以唯一化和实体商品化的，这也意味着这一笔订单可以计入这家平台，而下一笔订单可以计入另外一家平台，所以一个商家接入多少个交易平台都不互斥。而房地产则完全不同。因为它的供给侧是非独家的，需求侧被交付的周期又是漫长的，所以，平台派单的客户无法在到店后完成这笔订单，平台派的只是一个意向客户而已。这就产生了客户流动、房东多边委托、双向无法闭环的复杂场景。所以，在房地产行业，一个商家只能接入一家闭合型交易平台，使用这个平台统一的供应链（全城通盘的公盘系统），在平台指定的场景内做线下的交付履约。而在汽车服务行业，一个商家可以接入多个闭合型交易平台，其每一笔来自线上的订单均使用该商家指定的产品开展服务，并且结算给平台即可。

图 3 – 7 是对上文案例分析的要点图示。

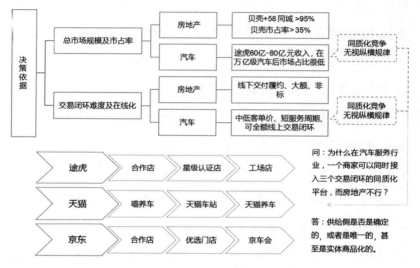

**图 3 – 7　途虎、天猫与京东在汽车后市场的对比**

然而从实际效果看，此类接入多家交易平台但仅仅接入最浅层、试图"蹭流量"的商家，往往最终一无所获，更像是在徒劳地解决自身缺乏流量的焦虑。本书前面的章节提到过这个理论：一个双边撮合匹配的交易平台，其流量是固定的，一定会更优先分发给和平台捆绑最深、交易闭环最紧密、复购可能性最高的商家，在汽车后市场就对应着上述三个阶梯中最深的那一层商家。交易平台的流量永远是不够的，不平衡的。比如贝壳，很多时候只有头部 **40%** 的房产经纪人和门店可以获得展位和流量，中部和尾部的房产经纪人由于贝壳分值不够或者 ACN 角色不够，往往连挂接上展位的资格都没有，何谈商机和转化？这就和商家在纯流量平台采买流量的逻辑大相径庭了。在纯流量平台，是谁花钱多谁获得流量；而在交易闭合平台，是谁做的业务动作正确、谁和平台绑定得更深，谁获得流量。因为前者是前置性收费，靠的是用户规模和ARPU（每用户平均收入）值；而后者是后置性收费，靠的是交易的管理费和用户的持续复购。从这个角度来理解，一个商家用浅层的方式接入多家交易平台，不仅难以获得流量，还会浪费大量时间与资源和平台周旋；而深度绑定一个平台且接受平台规则及深度赋能的商家，才有机会从平台处获得真正的红利。

至此，本章关于本地生活服务行业平台的各种模式再造的研究，暂告一段落。流量平台下探到产业平台、交易平台，无论其模式再造的动机是本章中的哪一种，是否能最终转型或升级成功，取决于多重因素。一是赛道的属性。频次高低、交易是否可以在线闭环、交易的周期及复杂度、双边是否动态均衡等，都是至关重要的因素。二是市场的成熟度和分散程度。如果平台型商家已经有极高的市占率，那么对纯线上平台而言，转型的难度就会倍增。三是线上平台的基因构成和核心团队对线下业务的理解。纯线上熟悉广告生意的团队转型，会比有线下经验沉淀的团队转型更为困难；而对传统和线下足够敬畏和愿意继续为之奋斗的团队，会比跨界"打劫"和颠覆式革命的团队活得更久。四是转型的时机、动机、形态等其他要素。比如是主动求变，还是被动应变；是原有组织升级，还是创业式另起炉灶；是在竞品刚有苗头时就提前布局，还是错失了最佳窗口期之后的亡羊补牢。这些因素都会决定一个纯线上流量平台能否成功变为产业互联网平台，并进而决定其所在的生活服务行业的未来市场格局和走势。

## 本节总结

- 一旦一个行业可以在流量端和交易端双向闭环，或许被商家倒逼的平台无须选择差异化竞争，可以无视先纵后横还是先横后纵的问题，而直接利用平台的流量红利和资本优势，弯道超车式地进行同质化竞争，甚至后发制人。

- 虽然每个生活服务行业的进化过程千差万别，但无一例外的是，用互联网的野蛮生长打法去"跨界打劫"的企业从未成功。

- 平台在选择来自全闭合型平台或者说平台型商家的模式倒逼时，一般有两个决策的依据：第一，总市场规模和这家平台型商家的市占率；第二，行业的交易闭环的难易程度以及闭环可否在线完成。

- 在纯流量平台，是谁花钱多谁获得流量；而在交易闭合平台，是谁做的业务动作正确、谁和平台绑定得更深，谁获得流量。

# 第四章

## 新服务：重新定义的供给侧与需求侧

什么是生活服务业的供给侧与需求侧？

从宏观经济的角度，一般认为供给侧包括劳动力、土地、资本、创新等要素，而需求侧则是投资、消费、出口三驾马车。

生活服务业中的供给侧，一般是指服务和服务者。比如健身、运动行业的供给侧就是团操课、瑜伽课、搏击课等内容供应以及健身教练；装修行业的供给侧就是水、电、木、瓦、油、各类主材等供应链以及设计师、装修施工队；汽车服务业的供给侧则是各类汽车配件、耗材等供应链以及后市场的服务人员（维修、清洗、保养等）。服务本体可以是一个无商品的纯服务过程，也可以是一个"服务＋商品"的综合服务过程。比如同样在汽车后市场，维修就是纯服务，而更换配件就是"服务＋商品"的综合服务；再比如在养生行业，普通按摩就是纯服务，而使用精油的芳香疗法则是"服务＋商品"的综合服务。

至于需求侧，指的就是消费者的消费需求和被服务需求。关于需求侧的一些关键思考：需求侧到底是被商家服务的，还是被"平台＋商家"一起服务的？需求侧到底是在驱动供给侧变革，还是供给侧变革为消费升级提供了更多可能性？新服务消费趋势下，需求侧更偏重于体验消费，还是理性消费？等等。

本章将从生活服务行业的供给侧特点、现状等开始分析，进而研究为什么供给侧需要被重新定义以及如何重新定义，最后再结合需求侧分析，对整个新服务消费的产业链升级进行完整的观察和解读。

## 生活服务业供给侧的特点

案例：东易日盛 | 堂吉诃德 | 被窝家装

生活服务行业的供给与零售行业的供给相比较，有以下两大特点。

┌─────────────────────┐
│ **特点一：对消费者的不确定性** │
└─────────────────────┘

首先，零售行业供给的都是实体商品，所以每一个 SKU 的各种关键要素相对确定。而服务行业的 SKU 是服务，服务本身是会随着场景而不断变化的，所以服务业的供给侧对消费者而言有很大的不确定性。以职业教育为例，一个 IT 培训的服务类目，其供给侧的组合变化和商业变化就非常敏捷多变，甚至会成为管理层常年投入精力去不断优化调整的事项。如图 4 - 1 所示，从授课形式看，包括面授、线上直播大课、线上录播课、双师课堂、AI 授课；从服务看，师资包括名师、普通老师、AI，课后服务包括社群服务、1v1 服务、社群 + 1v1 服务；从用户画像看，包括零基础入门、在职提升能力、高端进阶转型。凡此种种，排列组合出来的任意一种结果都是一个特殊的 SKU，而这个 SKU 的价格和服务周期又和当时竞品定价及市场策略息息相关。所以，生活服务行业的商家几乎永无止境地推出各种活动、促销、优惠、套餐等，本质上都是在供给侧针对各种服务细分内容做多种形态的排列组合及价格修订，这就导致服务业的供给侧 SKU 长期处于一个变化的状态。

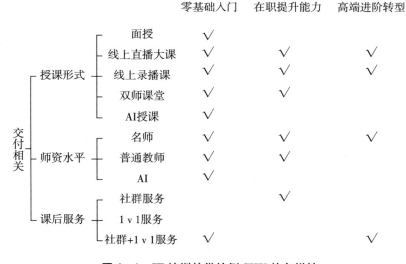

图 4–1　IT 培训的供给侧 SKU 的多样性

哪怕 SKU 本体是一个确定的商品，比如房地产经纪服务中的二手房，但由于服务的本体是二手房的居间撮合交易，是一个服务过程，仍然会导致一个确定的商品无法按普通零售行业的准则和方式去经营。比如二手房是有贷款还是无贷款，有抵押还是无抵押，买方是全款还是分期付款，是公积金贷款、商业贷款还是组合贷款，贷款的首付比例是多少，买方是否为连环单买房（先卖后买或先买后卖）、是否需要等待周期（或需要当地购房指标释放）还是现金立付，等等。多重因素的排列组合又会让居间撮合交易的服务 SKU 有不确定性。

> **特点二：对管理侧的不确定性**

服务的 SKU 不是实体化商品，不仅对消费者而言有很大的灵活性，对平台管理者而言也有很强的不确定性。所以，在服务业的供给侧管理上，数据的有效沉淀和上下游互通显得尤为重要。而这就要求平台端有很完备、强大的业务规则、标准化策略以及 SaaS 系统。

以装修行业为例，如果装修企业的数字化管理程度低、供给侧标准化能力差，则其工地越多，出问题的比例越高。混乱的人员调度和不及时的材料供给，一方面会增加项目的无效成本、影响装修企业的利润，另一方面也会极大地消耗业主的信任和时间。装修的真实进度和情况，不仅业主不清楚，装修企业也往往被蒙在鼓里，业主、装修企业、施工方陷入一个信息不对称的、恶性的、持久的混战当中。此外，在数字化水平、信息化水平不高的装修企业中，施工计划几乎完全依赖工长的手动排期，一套房子在不同的工长手上能演绎出不同版本的报价和排期。

要解决上述的种种问题，就要求装修企业有基于规则、策略、奖惩、SaaS 系统的综合解决方案，将施工过程变成可感知及统计的数据流程，从而实现服务过程的标准化和高效率。

如图 4-2 所示，这是一套相对通用的装修行业基于业务流、管理流的施工 SaaS 系统。以东易日盛为例，其施工 SaaS 系统就具备行业领先的对工程阶段的控制与管理落地能力。其 SaaS 系统上线三个月内，累计产生施工动态近万条，推送各类员工消息超262 万条，巡检记录超 1.5 万条，业主互动超 3700 次。这些数字化的管理动作，最终实现了工作效率提高 45%、运营成本降低50% 的优质运营结果。数字化保障了资金流向的可视化和精细化、施工节点的标准化、责任分工的明确化、现场监督的实时化以及巡检督查的真实化，这对装修供给侧整体服务品质、服务效率和管理效率都是本质上的改变。

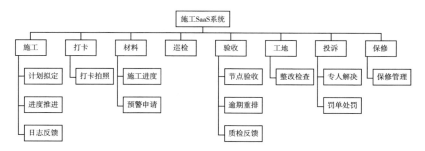

**图 4-2　典型的装修 SaaS 系统施工段产品模块**

而堂吉诃德作为已完成 Pre-B 轮融资的创新企业，同样在基于连锁企业工装的装修数字化方面进行了创新和实践。堂吉诃德采用了"BIM① 标准 + 数据驱动"的新模式,其产品可智能化生成 BIM 9D 数据,省去传统装修中的预算、采购、项目管理等环节。堂吉诃德的数字整装系统能够通过其工效库中的造价标准(如人、材、机、管理、利润等数据),结合工序标准、BIM 模型中导出的工程量等,一键智能生成施工图和报价清单,自动生成进度计划和人力计划,从而区别于传统的人工编排的低效、非标的方式。而这种创新依赖于其数字化系统(构件库、工效库、工法库、资源库等)中积累的各品牌资源方成千上万条工序级构件信息、量价信息、工艺工法标准和材料资源数据等。所以,数字化能力、标准化的业务规则以及庞大的数据基建基础,都是解决供给侧不确定性和严重依赖服务者的关键要素。

> ## 相对论:数字化的标准和人性化的灰度

正如本节所描述的,服务业的供给侧在消费者端和平台管理端同时具备很强的不确定性,并且高度依赖服务者,所以,整个服务业重新定义的过程就是数字化转型升级的过程,也是用 SaaS、AI、业务标准化等降低对服务者依赖程度的过程。但这也是一个相对论——对服务者依赖程度的降低,不是绝对的,而应该是灰度的。比如,贝壳的业务规则再完备、房产经纪人角色切

---

① BIM 指建筑信息模型。

分得再细、A +（贝壳业务系统的简称）的 SaaS 系统再智能，一旦到了交易环节，还是得依靠门店店长、经理的作业经验和个人能力完成交易。

同理，在装修行业中，再高级的 SaaS 系统和 B 端作业工具在面临施工人员普遍年龄为 50 岁以上、作业环境尘土飞扬、工人满手灰沙的场景时，数字化的落地都会变成一种奢侈。更重要的是，工长、工人、质检等服务者不易接受数字化管理，不仅是因为客观环境，更主要的还是其不习惯被"贴身"管理——他们不希望被数字化管理，而希望被数字化服务。他们认为，生搬硬套所谓标准化的施工流程，就是对其"效率优先"的非标动作的破坏。如果数字化的业务系统被一线服务者抵制，那么无论其中后台研发成本多么高、成果多么显著，都会在实施阶段被打回原形。所以，对于服务业尤其是重度依赖线下的非标行业，数字化转型不仅要求管理系统高级完备，更要求其落地的管理策略要人性化。比如，东易日盛一线工人的移动端页面上，只保留了一个巨大的拍照按钮和一套自带模板的文案编辑器，与此同时，系统后台还配置了江浙皖地区的方言包。从"强制流程"到"监控流程"，从"监视动作"到"收集事后动作"，从"完全标准量化"到"按角色配置灵活"，就是在标准化和人性化之间的一个灰度的平衡。

甚至在同一家公司中，跨赛道直接复用成功经验和方法论也未必是可取的。比如经过 10 多年的行业积累，贝壳实现了最小颗粒度地把房产经纪的业务动作"切片"化、数字化、标准化，但在贝壳做出"一体两翼"的新战略之后，能否把这种高度标准化和精细化"切片"的方法论，移植到贝壳旗下的被窝家装中呢？至少目前观察，难度是很大的。因为今天的房产经纪已经实现了主流服务者是应届大学生，而装修行业的服务者偏老龄化，出现了巨大的年龄断层。房产经纪服务是一项信息撮合纯服务，而装修则是一项"供应链商品＋服务"的综合服务。所以，装修业务的供应链部分就会受到地域、气候、季节、房屋的原有基础等大量非标因素的影响。比如，存量房墙面的平整度不同，用料就完全不同。如果一定要把判断依据切分得细而再细、工艺工法完全标准化，时间、工序、排期自动化输出，则对一线工人的要求极高，很容易"管跑人"。而如果数字化的计算和策略不够细，就会出现估算过多浪费材料、估算不足增加二次运费等问题。假如有人直接复用房产经纪"把一个业务流程切分成最小颗粒度并标准化"的逻辑思维到装修业务上，很可能在相当长的时间内效率是较低的。所以，准确深刻地理解生活服务业供给侧的本质规律和现状，就成为重新定义该行业的关键条件。

## 本节总结

• 生活服务业中的供给侧，一般是指服务和服务者。服务可以是一个无商品的纯服务过程，也可以是一个"服务＋商品"的综合服务过程。

- 服务行业的 SKU 是服务，服务本身是会随着场景而不断变化的，所以服务业的供给侧对消费者而言有很大的不确定性。

- 服务的 SKU 不是实体化商品，不仅对消费者而言有很大的灵活性，对平台管理者而言也有很强的不确定性。所以，在服务业的供给侧管理上，数据的有效沉淀和上下游互通显得尤为重要。

- 对于服务业尤其是重度依赖线下的非标行业，数字化转型不仅要求系统高级完备，更要求其落地的管理策略要人性化。

## 生活服务业供给侧的现状

案例：珍爱网 | 百合佳缘 | 乐刻运动 | 贝壳

本地生活服务行业的供给侧现状，目前可以总结为三种。

第一种是少部分行业的供给侧没有服务，也可以认为几乎没有真正意义上的供给侧，平台处于 C2C 模式。第二种是有完善的供给侧，但供给侧由商家运营，也就是处于 B2B 或 B2C 模式。商家运营供给侧的成本极高，且服务对象（B 端门店或 C 端消费者）规模有限，这就造成边际效应比较差。第三种是有完善的供给侧，且由产业互联网平台运营，也就是典型的 S2B2C 模式。这种模式被认为是未来生活服务行业的趋势，也是每一条本地生活赛道可以变革的基础。

> **现状一：供给侧没有服务**

当供给侧是信息而非实物商品时，平台往往可以选择只是搭建 C2C 的信息交互结构，或者是在信息之外包裹服务的价值、出售"服务＋信息"的综合结果。比如健身行业或教育行业，如果平台在供给侧只是提供视频录播教学和直播大课教学（和用户无互动），那么基本可以视为是在出售内容，客单价就是年费两三百元这个量级，和泛娱乐平台（如爱奇艺、腾讯视频等）的会员年费相当。但一旦平台提供小团课直播、1v1 教学，也就是私教或培训老师小范围互动指导，这就在内容之外增加了服务和服务者，这时候的产品 ARPU 值就至少要提升 10 倍或更高。

婚恋行业的珍爱网、百合佳缘等主流平台，就属于供给侧没有服务的 C2C 模式。平台匹配撮合的双边，分别是婚恋中寻找配偶的男方和女方，而平台收取的也就是包年的会员费和增值服务费。这或许可以类比成一个没有房产经纪人服务的房地产市场。珍爱网、百合佳缘并非没有婚恋红娘服务（线下 1v1 服务），只不过这种以线下为主的服务，只服务于极高客单价的一小部分用户（客单价高达几万元甚至超过十万元）。于是，没有大额付费能力的婚恋客户，只有 C2C 在线交友这一种途径。我们可以认为平台的双边都是需求侧，而没有真正意义上的供给侧。因为没有任何一边被平台深度认证或审核过，无法判定其真实婚姻状况、情感状况、性格状况甚至照片真伪等，没有线下的服务者或机构对供给侧进行加工或服务。而又由于无服务的供给侧是难以被识别或发现的，就好比一套房子没有房产经纪人的房描、户型图、VR、视频等信息和服务，很难被购房者知晓和相中，婚恋网站用户不得不使用直播等泛娱乐形式进行自我包装，把严肃内敛的婚恋文化延展成自我推销的泛娱乐文化。然而这种泛娱乐形态的交友恰恰并不适合婚恋网站，反而适合 Soul、探探、陌陌等陌生人社交平台，或者类似映客直播这类直播平台。所以，我们可以认为，严肃婚恋和成熟人群的婚恋需求，除了极少数可以支付大额红娘费用的金字塔顶部的用户，一直就没有被互联网平台满足。这也解释了为什么今天已经几乎看不到电线杆上贴满招工用人广告的场景，却依然不乏公园一角父母代儿女相亲的婚恋匹配场景（父母充当供给侧的服务者）。婚恋是一个典型的仍处于消费互联网场景的生活服务行业，也自然成为未来创新者的机会赛道。

## 现状二：供给侧的服务由商家运营

绝大部分本地生活行业的供给侧都是有服务的，但大都停留在商家独立运营的场景下。也就是说，供给侧的服务和服务者都完全由商家自己提供并承担成本。这样的直营类商家就停留在 B2C 模式当中，而特许加盟类的商家则停留在 B2B 模式当中。

在行业发展早期，平台提供流量，商家自己做供给和交付，这的确是标准化的分工和常态。但随着产业互联网时代的到来，一方面平台纷纷下探、进入商家的供给侧和交付侧做延展；另一方面商家独立闭环也随着政策、资本、管理等问题的爆发而越发艰难。

对直营商家而言，每个行业都有随着市场环境及政策变化而波浪形震荡的周期。而直营模式下，同城加密和跨城复制的地域扩张，不仅带来的是前台门店的经营风险，也一定会带来中后台成本的同比增大。一旦遭遇下行周期，直营商家的业绩压力会陡然上升。

而特许加盟类商家在互联网平台没有下探之前，依靠品牌特许加盟加上一些常见的培训赋能，还可以获得一些小商户的青睐。一旦互联网平台做产业互联网升级，特许加盟的传统优势就会荡然无存。如果没有在供给侧、交付侧、品控侧、数字化能力侧的强管控能力，特许加盟的传统服务项基本会被产业互联网平台模式所覆盖和替代。贝壳每拓一个城市，最先消失的往往就是当地的加盟品牌而不是直营品牌，就是一个典型的案列。

再从供给侧运营难度和成本的角度观察。供给侧的内容建设、标准和规则建设、基建建设、运营策略的实施保障、SaaS 系统的研发运维、交易的统一管理和售后……当这些都由一家企业的中台独立完成时，哪怕它拥有几千家门店，这么庞大的成本也是很难摊薄的。更何况，本书前文还曾举例，在一些缺乏流量次平台（指专门垂直于某行业进行流量售卖的网站）的生活服务行业，一个商家除了需要有上述供给侧的能力，还需要变成一家自媒体公司、电销公司、网销公司、广告投放公司……这无疑是把一个普通商家彻底变成一家庞大的产业链闭环公司。

仅以房地产行业的 SaaS 系统建设这一个功能模块来举例。假设一个商家的互联网研发及运营团队有 100 人，按照北上广的产研人员每年 30 万元的综合人力成本计算（含薪酬、奖金、社保、管理服务、差旅等），就需要 3000 万元的人力成本。按照每家直营店收取 12% 的管理费来计算，就需要额外收取超过 3 亿元的佣金收入来支撑起这个成本中心；而按照平均 2% 左右的二手房佣金计算，就需要超过 150 亿元的交易 GTV（总交易额）才能支撑这样一个团队。而大型直营公司的互联网研发团队，其人数往往都已经超过了 600 人，按照上面的数字公式计算，上述的 GTV 就要接近 900 亿 ~ 1000 亿元的规模。这还仅仅是商家中后台的一项能力而已。可想而知，如果所有供给侧和交付侧的能力建构全部由商家独立闭环，商家的经营压力会有多大。更何况，商家和商家之间的供给侧和数字化又都是完全封闭的，无法复用和借鉴。无疑，供给侧需要被协作化、共享化、边际效应最大化，而这就使 S2B2C 的产业互联网模式呼之欲出。

## 现状三：供给侧由产业互联网平台运营

供给侧由产业互联网平台运营的本质，是把原本一个个独立商家闭环运营的供给侧的公共职能和基建职能部分抽离出来，由一个产业互联网平台来标准化，再通过 SaaS 系统或 API 接口等方式赋能商家，由平台和商家一起服务于终端消费者，也就是 S 端服务 B 端，S 端和 B 端一起服务 C 端，从而实现全行业层面的效率和边际效应最大化。

比如健身运动行业的乐刻运动，就尝试把健身房里的"人、货、场"拆分开，把"货"（供给侧）的部分抽离到平台来完成标准化，而健身房只是一个交付的"场"，乐刻运动的平台才是调配三者关系的枢纽。一旦乐刻运动的平台能力被标准化和高质量化，那么不仅直营门店可以得到赋能，加盟门店、合伙制门店、传统第三方健身房、居家健身等其他场景，也都可以得到赋能。这种赋能，绝不是简单的替代关系，而是增强关系。

什么是替代关系？举例来说，就是一家连锁健身房原本自己在做团操课程、招募及培养教练、排课排班，现在平台来了，代替健身房（商家）来做，并向其收取服务费。如果两者做的内容没有本质区别，商家为什么要放弃自己的控制权，让核心能力长在别人身上，还要给别人付钱呢？显然，替代是不成立的，唯有增强才是让商家不得不选择的原因；而增强的原理，则是 S 端的数字化算法和能力。比如乐刻运动，它把场景数据化、用户标签化，然后匹配"人、货、场"，用 S 端的数据能力提高每个小 B 端的翻台率和饱课率。比如课程编排，如果都是撸铁的无氧运动或者尊巴的有氧舞蹈课，健身房很难火起来。而通过 S 端的计算和调度，男女会员的搭配更合理，课程编排和教练调度也更合理，平台和商家的商业效率才能本质上被提高。图 4-3 就是乐刻运动的 S2B2C 解决方案。不难看出，乐刻通过运营规则、供给资源、SaaS 系统的协同，实现了中台解决通用职能、前台解决履约交付的模式，并且实现了每一种平台角色的全业务流程在线化。

图 4-3　乐刻运动的产品框架

本地生活服务行业的产业互联网平台代替商家做供给侧的公共职能部分和基建职能部分，有两个不得不面对的问题：一个是产业互联网平台有没有线上流量作为抓手来增加商家使用平台侧供应链的决心，也就是要做供给侧改革，就需要需求侧的流量抓手；另一个是行业供给侧的公共职能部分和业务运营部分是否可以清晰地拆分开。如果拆不开，那么产业互联网平台在选择入驻商家时就需要更精准。

┌─────────────────────────┐
│ **问题一：有没有流量抓手** │
└─────────────────────────┘

不妨反问一下，如果一个产业互联网平台是由超大型商家"上扬"而来，它自身没有流量基础，只是供给侧标准化程度和数字化程度高，那么会有什么问题呢？

商家同样知晓，自己的安身立命之本不是需求侧而是供给侧。比如一所职业培训学校自己研发课程、培训老师、开发教材甚至解决毕业学员的就业推荐，虽然是重成本，但这也是这所学校的价值所在。但如果把教研、教学、就业、售后全部交给平台来做，学校就变成了一个履约的交付场所，一个招生的代理渠道。所以，但凡是处于成长期或有更大创业目标的商家，一般不愿意把自己的供给侧和核心业务交由第三方解决。产业互联网平台的供给侧再强大、数字化水平再高，这些能力对商家而言都是替代关系、而不是互补关系；所以，如果平台从替代关系入手去与商家洽谈合作，在没有取得商家的深度信任之前是很难成功的。

相反，如果平台具备流量分发的能力，尤其是升级流量分发的商业化付费方式后，则往往能够获得切入商家合作的机会点，进而更轻松地说服商家统一使用平台的供给侧。比如在贝壳出现之前，房地产行业的门店只有在58同城、安居客等平台前置性付费采买流量这一种方式，采买流量的成本逐年递增。而贝壳的出现，给商家最大的感知不是 ACN、楼盘字典、VR，而是贝壳网的流量"免费"或者说后置收费（按成交后的佣金收取管理费）。于是，绝大部分门店加入贝壳，首先是冲着免费流量去的。而因为要加入贝壳、获得这部分免费流量，商家不得不接受供给侧由贝壳管理的策略。这就是典型的用需求侧作为抓手来统一供给侧的案例。同样地，在汽车后市场的三足鼎立中，途虎养车的途虎工场店、天猫的天猫养车、京东的京车会这三个最高阶的商家，无一例外都是使用高流量倾斜、后置收费的商业策略作为抓手，吸引线下门店排他性地入驻，进而在入驻规则中包裹供给侧的使用标准、规则甚至业绩任务指标。

可见，有流量抓手的平台对商家输出供给侧方案，会比没有流量抓手的平台更有切入的优势。

## 问题二：公共职能和业务运营能否分离

本地生活服务行业供给侧的公共职能部分和业务运营部分，能否清晰地拆分开是决定行业产业互联网平台与商家关系的关键。能清晰地拆分，双方就是赋能和分工协作关系；不能清晰地拆分，则很可能就是阉割和替代关系。

以职业教育行业为例。一个职业教育机构的供给侧一般可以分为教研、教学、教辅、教务、教评等几个部分。我们可以把"教研＋教学"定义为公共职能和基建职能部分，而把教辅、教务、教评等定义为业务运营部分。

　　因为教研属于培训行业的基建，完全可以基于知识树结构做标准教材和课程研发；而教学的远程部分（如双师教育的直播端），也完全可以由平台安排名师完成，达到教育的公平性与高质量，解决落后地区教育资源不足的问题。这些属于可以被清晰抽离和拆分的公共职能，可以被平台化重新定义，还可以由商家从平台侧商业付费采买。

　　而教辅、教务、教评等则可以被定义为业务运营模块，不在平台端运营，而在商家侧履约。比如教辅部分，虽然在双师教育的场景下教研课程内容相同、远程授课的名师相同，但由于不同学校辅导老师的水平和责任心不同，学生的考试通过率和就业率也会不同，这就是商家交付部分导致的差异化。同理，教务部分，具体到每一个校区的实施，比如转班、转学、退学、留级、转介绍等，一定还是由线下商家来完成。再比如教评部分，职业教育的核心是实操，实操能力提升的关键是"教"与"学"的互动，而互动环节就是提交作业以及作业的改稿、评价、纠错等。平台的远程名师不可能把全国几百个校区每个学生的作业批改一遍，但每个校区的辅导老师可以。所以，职业教育的平台和商家可以被清晰地拆分开，收入拆分也可以依据分工和价值大小而定。再加上学员账号的唯一性，以及在线学习过程中双向摄像头的监控能力、人脸识别能力等，使得这个行业的交易闭环也更为确定。所以，职业教育完全可以是一条平台和商家合理分工、边界清晰的赛道。

但更多的本地生活服务行业，其供给侧的公共职能部分和业务运营部分是很难拆分的。比如房地产行业，其供给侧是房源作业，交付侧是交易过户。房源作业一旦交给平台管理，就意味着公盘规则、房源角色定义甚至流量分配依据等一系列关联的策略全部归集过去，而平台随之就要负责房源品控、作业经营管理等一系列维护规则的工作，进而整个房客源作业的业务运营就全部跟着进入平台管理范畴了。同理，一旦交易过户被指定在平台侧进行，那么合同、密钥、交易陪同办理、金融产品等一系列交付相关的业务运营，也全部跟着进入平台的管理范畴。这就是典型的公共职能和业务运营很难拆分的场景。这类行业的商家一旦进入产业互联网平台，基本意味着放弃自己独立的业务规则和组织中台，只保留品牌独立和一定的人力资源管理独立。也正因为此，此类产业互联网平台进驻一个城市，一般都会受到该行业几乎所有直营商家的抵制，而弱管控的加盟类商家和中小商家更有意愿入驻。这就更意味着，产业互联网平台需要懂得选择商家、定义画像。

在如何选择商家画像方面，健身运动行业的乐刻运动颇有参考价值。乐刻运动抛出 S2B2C 的平台模式之后，威尔士、一兆韦德等品牌连锁健身房完全没有可能舍弃自己的供给侧而入驻乐刻；甚至非连锁的普通大型健身房也往往不会考虑入驻乐刻，因为这类大健身房的面积一般有两三千平方米，有健身、泳池、洗浴、休闲等功能区，其供给侧十分多元，盈利模式也是靠预售逻辑的年付健身卡（现金流为正但财务口径利润往往为负）。这种传统模式下的商家，几乎没有自我革命、自我颠覆的必要。

相反，乐刻运动精准定义了商家的画像——小型健身房。传统健身房可能有 3000 平方米；乐刻的健身房是 300 平方米。传统健身房贴大理石瓷砖，装修豪华气派，用面积的 1/3 做休闲接待，单店除了教练和销售至少还有 2 名服务管理人员；而乐刻的健身房装修成本更低，单店人员配比 0.9 人。乐刻对消费者来说更便利，价格也更便宜。从年付费改为月付费，从没有智能化改为智能化，从 12 小时营业改为 24 小时营业，从强推销改为无推销，这就是平台化逻辑覆盖了单店逻辑的产物。

可见，产业互联网平台在供给侧以及交付侧的改革，并不会是一个"振臂一呼而天下响应"的局面，尤其是在一些可能会对商家的业务运营进行覆盖甚至阉割的行业，更是会受到很多直营商家的抵制。所以，确定自己的商家画像，学会选择适合入驻自己平台的商家，才是这类生活服务行业平台的基本功。

## 本节总结

- 本地生活服务行业的供给侧现状，目前可以总结为三种。
  - ◇ 第一种是少部分行业的供给侧没有服务，也可以认为几乎就没有真正意义上的供给侧，平台处于 C2C 模式。
  - ◇ 第二种是有完善的供给侧，但供给侧由商家运营，也就是处于 B2B 或 B2C 模式。

◇ 第三种是有完善的供给侧，且由产业互联网平台运营，也就
是典型的 S2B2C 模式。

- 供给侧由产业互联网平台运营的本质，是把原本一个个独立商
家闭环运营的供给侧的公共职能和基建职能部分抽离出来，由
一个产业互联网平台来标准化，再通过 SaaS 系统或 API 接口等
方式赋能给商家，由平台和商家一起服务于终端消费者，也就
是 S 端服务 B 端，S 端和 B 端一起服务 C 端，从而实现全行业
层面的效率最高和边际效应最大化。

- 如果产业互联网平台具备流量分发的能力，尤其是升级流量分
发的商业化付费方式后，则往往能够获得切入商家合作的机会
点，进而更轻松地说服商家统一使用平台的供给侧。也就是要
做供给侧改革，需要需求侧的流量抓手。

- 本地生活服务行业供给侧的公共职能部分和业务运营部分，能
否清晰地拆分开是决定行业产业互联网平台与商家关系的关
键。能清晰地拆分，双方就是赋能和分工协作关系；不能清晰
地拆分，则很可能就是阉割和替代关系。

## S2B2C：产业互联网的核心命题

案例：恒企教育 ｜ 萌兽医馆 ｜ 益鸟

本书前文曾多次提到了产业互联网的核心命题——S2B2C。

这个概念自曾鸣先生在 2017 年提出之后，逐渐被生产制造业、实体零售行业和生活服务业的多条赛道深度实践和佐证。S2B2C 最大的创新，是 S 端和小 B 端共同服务于 C 端。它强调给予小 B 端足够的个性化和自主性，去和 C 端产生情感连接；而同时，它更强调 C 端作为企业一切运营的起点，把客户的互动持续通过数据和系统传输给 S 端，从而让 S 端成为真正的数据大脑和智能商业系统，最终更好地赋能 B 端的商家。S 端是赋能于 B 端，而不是管理 B 端，它们不是买卖关系，也不是传统的加盟关系。

在生产制造业和实体零售行业，S2B2C 比较容易理解。S 端的供给侧能力，能给中小商家带来价格低、品类全、有数字化高效管理工具等红利优势，在流通环节毛利高、行业整体 GMV 足够大的赛道里，这个模式大有施展拳脚的空间和机会。但是在本地生活的服务行业，S2B2C 该如何理解、如何落地？本节，我们将重点讲解 S 端的三重要素及整合第三方供给侧资源的 S 端模式，进而再剖析服务业中 S 端能力建构的必经之路。

## 关于 S2B 的解读 1：S 端的三重要素

本节将以职业教育行业为例，详细解读 S 端的三重要素。

最容易被识别和理解的 S 端要素，首先就是一套完备、强大、智能化的 SaaS 系统。比如，财经培训行业的领军企业恒企教育就自研了 SEE·AI 智慧教育业务系统（见图 4-4）。这套系统旨在通过人工智能和大数据驱动，实现在 S 端的高质量教育，在 B 端多学科、多校区的轻松复制，在 C 端确保学习质量和学习结果。这套系统及其背后的供应链能力，就是典型的 S2B2C 模型；而这套 SaaS 系统背后的教育理念、标准化的业务流程和策略，则是更重要的底层逻辑。所以，理解 S 端至少要参透三重要素：底层基于行业理解的标准化业务规则和策略，中间层的供应链供给，表层的 SaaS 系统和工具。如果不能把这三层作为一个整体解决方案去理解，就无法建构真正的 S 端能力，自然也就无法实现 S 端对 B 端的赋能。

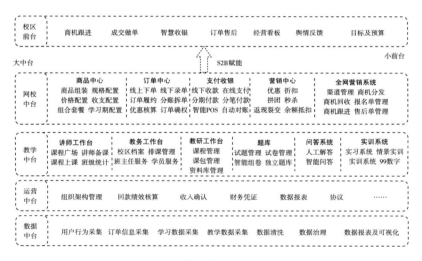

**图 4 - 4　恒企教育的 SEE·AI 产品框架**

　　SaaS 系统作为一种沉淀业务规则和供给侧资源的载体，其呼应底层业务理解和业务策略的逻辑更为重要。我们用图 4 - 4 来呈现 S2B 的结构关系。不难看出，恒企教育的 SaaS 系统就是典型的"大中台、小前台"理念的产物——把校区的职能剥离成"销售＋履约",而其他职能抽离到中台(S 端)来实现。唯有如此,才能够把教研和教学高度标准化和数据化,实现 S 端用高质量的供给赋能每一个 B 端,同时让 B 端服务于 C 端的过程中的每一次交互数据沉淀下来、反哺 S 端算法的合理性。比如,S 端没有标准化之前,每一个校区的老师基本是对着教材按自己的经验去讲课,教学水平严重依赖于老师自身(服务者)。而有了标准化的 S 端和数字化平台之后,恒企教育的每一位老师都可以在 SEE·AI 系统里找到课程对应的多种供给侧资源,比如视频、文献、PPT、教材、习题、案例、动画等,老师可以用 SEE·AI 系统里的"课包"工具去自由组合、完成交付。同理,对校区和网校的招生老师或电销销售来说,传统模式下的销售结果同样是严重依赖其个人能力和经验。但当所有的引流类、体验类、成交类、复购类 SKU 的各种素材物料(如短视频、直播、工具包、测试试卷、免费课程、体验营、海报、活动、优惠、案例等)都分类清晰地沉淀在系统里时,在校长和总部培训体系的督导赋能下,哪怕是一个新手,也能轻松地按照标准化流程完成高效率的招生。

可见,供给侧的资源才是实现教育智能化的核心。因为供给侧资源是教学内容和教学思想的承载,是教学目标达成的核心。一旦一门学科的供给侧内容资源被颗粒化、知识模块化且标准化地挂接在该学科的知识树之上,每一节课程便都可以在供给侧找到多个层次(导入层、概念层、应用层、拓展层)、多个形态的

"课包"素材，进而让教学的过程丰富、有趣、标准、高质量。

表4-1就是恒企教育的一节财经课案例。其中，导入层通过现实生活中的生活场景、财经时事抛出问题，激发学员的兴趣并启发其思考。概念层则通过具体问题的解析过程引入知识的定义，带领学员梳理知识框架，让学员既了解知识的全貌，又掌握知识的原理。应用层通过政策解读阐释知识的应用场景和规则，通过习题巩固和检验学员单点知识的掌握情况，通过互动案例巩固知识的同时训练学员的核心素质。而在拓展层，文献类用于知识深度和广度方面的拓展；视频通过实务专家专题微课就某专业领域进行深度讲解和剖析，让学员更直接地获取实务经验；实操实训训练学员的综合实战能力、解决复杂问题的能力。这样的一节财经课的背后，S端贡献了多少标准化的沉淀，又给每一位老师赋能多少，其价值已经不言而喻。

表4-1　　　　　　　一个典型的课程供给侧资源

|  | 课件 | 视频 | 文献 | 习题 | 实操/实训 |
|---|---|---|---|---|---|
| 导入层 | — | 导入动画 | 导入案例 | — | — |
| 概念层 | PPT、思维导图 | 知识动画 | — | — | — |
| 应用层 | — | — | 政策解读 | 习题 | 互动案例 |
| 拓展层 | — | 专题微课 | 历史沿革前沿研究交叉领域 | — | 情景项目实训PBL（问题式学习）问题驱动主题论文 |

上述供给侧组合资源的底层，是恒企教育核心的教育理念——职业教育的"五教体系"。这是一套围绕教研、教学、教务、教辅、教评展开的高质量教育解决方案。

（1）教研。专注于学员学习能力、学习兴趣、学习效果反馈信息，在教学内容、教学形式方面进行不断优化，并借助互联网手段，研究图影式教学，突出逻辑和循序渐进的学习方法，锻炼学员的学习能力。

（2）教学。老师注重教学态度、教学内容、教学形式、教学效果，教学内容要求更加专业，接地气，让学员易懂好学。老师为课程主题自己做教具，打破传统概念，融入更多新兴有趣的教学元素，使学员学习更有活力。

（3）教务。包括以教育创新为中心的平台管理系统，以学分制为中心的学员成长评估系统，通过职业素养训练、职业规划、就业辅导等服务为学员提供岗前培训支持。

（4）教辅。学习内容提前一天预期，当天复习巩固，带班老师对学员的学习负责。线上课堂、名师讲堂为学员提供更多形式的辅助学习方式。

（5）教评。以学员的技能专业掌握、就业状况等为考核指标，进行教学评价，系统地监督教学质量以及学员的学习效果。

在"五教体系"之下，每个"教"还有更深刻的教育理解和业务细节。比如，教学之本是课程，而课程这1个动作就可以切分出6个子动作，分别是：课程、讲义、习题、视频、考试和思维导图，简称"课程六件套"（见图 4 - 5）。而再往下细分，讲义 1 个动作又可以切分出 7 个子模块，分别是：双类型讲义（老师备课时用 Word、讲课时用 PPT），全要件讲义，必要知识点全标识，重难点全标识，知识、技能、经验全标识，讲义众筹，以及讲义与视频联动化。"五教体系""课程六件套"等底层的教育理解以及运营规则，对应上每个业务动作在供给侧的标准化资源，并对应 SaaS 系统里的功能和工具，最终才形成一套完整的解决方案。

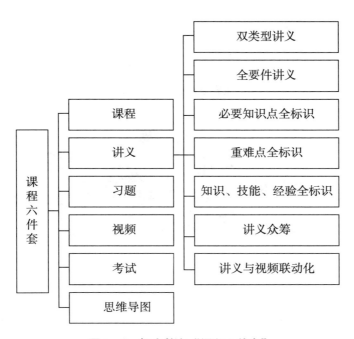

图 4 - 5　恒企教育"课程六件套"

同理，一些核心的教育底层理念，连同 SaaS 系统，都可以跨赛道复用到多个职业教育学科上。如图 4 - 6、图 4 - 7 所示就是恒企教育在财经培训中提出的"阶梯式学习闯关系统"在美容培训行业、健身教练培训行业的应用——同样的教育理念，同样的 SaaS 系统，都是 S2B 通用性的最佳实践样本。

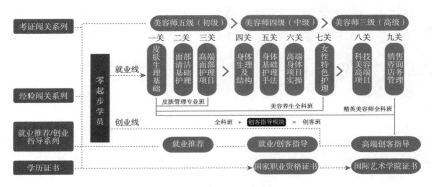

**图 4 - 6 美容培训的阶梯式学习闯关系统**

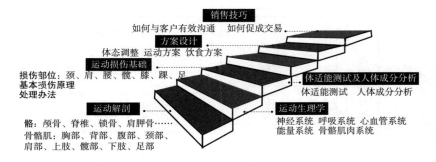

**图 4 - 7 健身教练培训的阶梯式学习闯关系统**

## 关于 S2B 的解读 2：S 端对第三方供给的整合模式

本节我们通过宠物医疗行业的案例，来解读 S 端对第三方供给侧的整合模式。

截至 2021 年年底，中国宠物（犬猫）市场数量超 1 亿只，预计到 2025 年将超过 1.4 亿只，约等于 0～9 岁的总人口数。而宠物主的需求主要集中在健康、方便、安全（不要走丢）。在这种核心诉求下，宠物科技成为宠物健康管理的核心命题——无论是宠物身份识别（鼻纹识别、虹膜识别、电子身份证、保险业务）、智能养育（智能硬件），还是线上问诊、基因检测，都处于方兴未艾的阶段。与此同时，宠物经济又不同于其他本地生活服务行业，其业务外延非常广泛。

如图 4－8 所示，从上游的宠物养殖交易（包括宠物交易、领养、饲养等），到中游的宠物产品（如干粮、零食、湿粮、营养品等食品，以及服饰、玩具、医护、日用等用品），再到下游的宠物医疗、保健、培训、托运、婚介以及美容，其服务范围可以算是所有本地生活服务业中最复杂和多元的一个。艾媒咨询在 2021 年就曾总结过宠物行业在上述上、中、下游的品牌图谱，如图 4－9 所示。可见，在宠物行业做 S2B，不同于上一节的职业教育行业，没有一家企业可以把所有 S 端涉及的供应链全部闭环自己解决。所以宠物行业的 S 端，本质是以宠物医疗为平台载体，整合上游和中游的第三方供给侧厂商，通过自研的 SaaS 系统做数字化，从而将原先碎片化的各类业务模块标准化，最终有效地赋能给门店。

萌兽医馆在宠物医疗领域率先开启了这种模式。萌兽医馆有

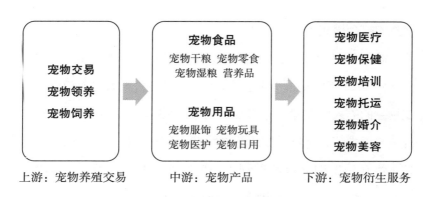

**图 4 – 8   宠物行业的上中下游**

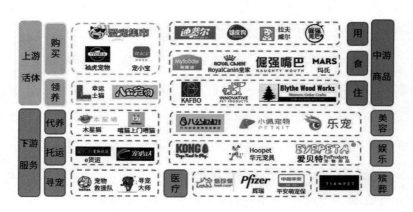

**图 4 – 9   宠物行业的代表商家及平台**

着对宠物行业的底层理解。随着宠物主的年轻化，宠物医疗早已经从传统的严肃医疗拓展到泛健康服务，围绕宠物的全生命周期打造更全面的健康服务和商品体系。比如，从手术等纯医疗，扩展到绝育、驱虫等预防医疗，再拓展至处方粮、药品等商品。围绕宠物的全生命周期做服务，自然就需要整合诸如检测中心、医疗设备、AI 数据工具、辅助诊疗平台等众多第三方机构的能力和供给，而这些来自第三方的供给如何标准化和数字化，就是萌兽医馆面临的一个课题。

萌兽医馆做了三个关键动作：通过组织结构创新，实现了供给侧专业层的标准化分发能力和疑难杂症上升治疗的场景；通过连锁门店的标准化和数字化（数字化的 SaaS 系统），具备了终端社区门店标准化接收中台赋能和供给侧模块的能力；通过服务者供给侧的标准化，具备了服务者批量复制的能力。

一是组织结构创新。萌兽医馆在全国连锁的社区医院和总部之间，增设了两重组织——品牌旗舰店和技术中心，覆盖了华北、华东、西南和华南地区。品牌旗舰店有些类似三甲医院，可以解决社区医院解决不了的疑难杂症；而技术中心则可以对接第三方各类供给侧的解决方案，更好地用标准化供给为 B 端赋能。

二是连锁门店的标准化和数字化。标准化的背后是对宠物医疗的底层理解和规则。比如，萌兽医馆每收购一家社区门店，首先拆解其原有的模块，包括运营、诊疗、系统、规则、文书等；然后针对不同的标准来同步认知，继而执行反馈。这里，实现认知同步和执行同步的关键就是 SaaS 系统。萌兽医馆基于宠物医疗的业务场景，自研了一套前、中、后台的 SaaS 系统，包括前台的HIS 系统、中台的 BI 数据系统和后台的 UMS 管理系统。三者联动形成的大中台能力，可以为前台的医院提供足够的数字化门诊能力、精细化的运营能力以及高效的采购、库存周转能力，最终提高了门店的效率和业务边界。事实上，萌兽医馆的单店收入已经超过 500 万元/年，收入增长率达 45%；萌兽医馆的社区店在 S2B 的加持下，明显降维攻击了"夫妻店"模式的普通社区诊所。

如图 4 - 10 所示的萌兽医馆 SaaS 业务系统，是萌兽医馆 S2B 的核心载体。前台的 HIS 系统，可以不断积累病例和处方数据。这些病例库、专家处方被上传到中台进行标准化之后，就可以形成处方模板。而不同社区医院的医生，都可以参考模板里同类病症的治疗方案，再根据个性差异做出适当调整，从而提高宠物疾病诊疗的准确性和成功率。同时，B 端对 C 端的服务，也为 C 端消费者提供了数字化互动工具。比如宠物主可以通过移动终端查询、初步确定宠物疾病的类型，了解一般的治疗方案，查询病因，等等。更重要的是，C 端的反馈也被数字化地记录和反哺给了 S 端，从而完善了 S 端的决策依据和整合逻辑。

| 门店前台 | 线上客群 | | 线上服务 | | 线下客群 | 实体店 | |
|---|---|---|---|---|---|---|---|
| | 商业合作 | | 线上预约 | 卡包礼券 | 自然访客 | 客户体验 | 留存转化 |
| | 自媒体 | | 在线药房 | 服务套餐 | 地推 | 会员推广 | 活动执行 |
| | 定向广告 | | 线上问诊 | 线上咨询 | 会展活动 | 订单履约 | 服务提供 |
| | 转发分享 | | 会员增值 | 记录查询 | 转介绍 | | |

S2B赋能 ↑

| 数据中台 | 客群分析 | 获客分析 | 布局分析 | 坪效分析 | 人效分析 | 服务分析 |
|---|---|---|---|---|---|---|
| | 经营分析 | 管理分析 | 运营分析 | 产品分析 | 成本分析 | 利润分析 |

| 管理中台 | 财务管理 | 仓存采购管理 | 医院管理 | 协同办公 | 电子病例 |
|---|---|---|---|---|---|

**图 4 - 10　萌兽医馆的产品框架**

三是服务者供给侧的标准化。萌兽医馆借鉴人类医疗领域的经验，将宠物医生分级选培管理，制定医疗分级体系，摆脱了这个行业多年来依赖的师徒制，从而具备批量复制人才的能力，解决了服务者供给不足的问题。这就是从"服务＋服务者"双重供给上，解决 S2B 的赋能能力。

## 关于 S2B 的解读 3：S 端对营销类服务者的赋能

前两节所引用的案例中，S 端的价值讨论都限于 S 端对交付类服务者的赋能。然而在服务业，更大占比的一线服务者是销售属性，也就是营销职能的服务者。传统的 S2B 的理论阐述，往往忽略 S 端对营销职能的服务者赋能，甚至认为有关营销职能的服务者的讨论只属于需求侧，和 S 端的供给无关。但事实恰恰相反，因为决定商家生死存亡的目前还不是交付的质量或结果，仍然是营销的成败或效率。绝大多数的生活服务业仍然处在营销为王的早中期发展阶段。所以，一个平台的 S 端能否集成标准化、结构化的营销资源，并通过"SaaS 系统＋人力培训"的双管道赋能给一线的门店，决定了前台门店的生死，也往往是 S2B2C 模式要迈过的第一道门槛。

本章曾以恒企教育的 SEE·AI 系统为例，阐述过 S2B 的三重要素。当时用更多篇幅讲解的还是交付支撑、业务支撑、数据支撑这三部分，然而交付支撑的前一环其实是销售支撑，也就是 S 端对于营销类职能的服务者的赋能。无论是在线网校还是线下校区，在面授、双师、录播、直播等授课行动之外，更多的精力放在销售动作和营销行为上。而线上与线下校区的协同与融合，则是基于 SKU 及授课形态的互补，也是基于 S 端在营销资源和供给侧资源的差异化输出。一位恒企教育校区招生老师面对图 4 – 11 如此复杂的财经类职业教育课程体系时，如何成功转化一个零信任、零了解的小白用户？显然，这需要 S 端强大的赋能体系和标准。

第一层是四象限细分。S 端的供给侧中台会将可销售 SKU 按照用户画像（零基础、在职提升、大学生、企业主等）、交付形式（双师、面授、直播、录播 + 直播）分别作为横轴和纵轴，做成第一层结构，进而再根据每一种画像的用户的学习层次（如"在职提升"可以细分为财务主管、财务经理、财务总监等），细分出第二层结构，并定义其对应的学习周期、商业价格等。

第二层是权益配置及产品类型的营销细化。在这个框架之上，S 端会针对每一种细分 SKU 进行权益配置，也就是课程权益、服务权益、毕业证书等。每一种被配置出来的 SKU，可以引申出引流产品、体验产品、成交产品和复购产品等类型。为每一种产品类型的营销在 S 端配置标准的素材物料库并定期更新，就是 S 端给营销类服务者的最佳赋能。

第三层是营销素材物料库的标准化。以引流产品为例，针对零基础学员，系统里有"三天学出纳""三天学会计"等标准化

做账 × 管账 × 看账

看账（未来，解决方案）

管账（现在，过程）

做账（过去，精细）

■ 必修
┄ 选修

| 项目 | 入门会计会员 | 实务会计会员 | 全能会计会员 | 精英会计会员 | 杰出会计会员 | 卓越会计会员 |
|---|---|---|---|---|---|---|
| 课程 | 税务会计（小规模纳税人、会计实战）；出纳（开票典礼、出纳痛手、Excel财务应用）；商业会计 | 税务会计（小规模纳税人、会计实战）；出纳（开票典礼、出纳痛手、Excel财务应用）；商业会计 | 税务会计（小规模纳税人、会计实战）；工业会计（成本会计实战、成本核算沙盘实战）；出纳；商业会计；管理会计 | 税务会计（会计基础、小规模纳税人、会计实战）；工业会计（成本会计实战、成本核算沙盘实战）；出纳；商业会计；管理会计 | 税务会计（会计基础、小规模纳税人、会计实战）；工业会计（成本会计实战、成本核算沙盘实战）；出纳；商业会计；管理会计；财务管理 | 税务会计（会计基础、小规模纳税人、会计实战）；工业会计（成本会计实战、成本核算沙盘实战）；出纳；商业会计；管理会计；财务管理 |
| 考证项目 | 初级职称/AI数字化培训用 | 初级职称/AI数字化培训用 | 初级职称/AI数字化培训用 | 初级职称/AI数字化培训用、中级职称/AI数字化培训用、CMA/AI数字化培训用 | 初级职称/AI数字化培训用、中级职称/AI数字化培训用、CMA/AI数字化培训用 | 初级职称/AI数字化培训用、中级职称/AI数字化培训用、CMA/AI数字化培训用 |
| 零基础上岗 | 16大会计实操系统、50+行业真账实操、2大职业素养 | 16大会计实操系统、50+行业真账实操、3大学习方法 | 4大核心岗位训练营 | 4大核心岗位训练营 | 4大核心岗位训练营 | 4大核心岗位训练营 |
| 服务权益 | 7大智能学习系统、就业服务、增值服务 | 7大智能学习系统、就业服务、增值服务 | 7大智能学习系统、就业服务、增值服务 | 7大智能学习系统、就业服务、增值服务 | 7大智能学习系统、就业服务、增值服务 | 7大智能学习系统、就业服务、增值服务 |
| 学习时长/有效期 | 17次/1.5个月/1年 | 35次/3个月/2年 | 49次/4.1个月/2年 | 59次/5.1个月/5年 | 107次/11.1个月/5年 | 147次/23.1个月/5年 |
| 参考岗位 | 税务会计 | 主办会计 | 成本会计 | 管理会计 | 财务管理 | 集团会计 |
| 薪酬参考 | 3000~5000元 | 3500~6000元 | 4500~8000元 | 5000~10000元 | 6000~15000元 | 8000~20000元 |

图4-11 财经类职业教育课程体系

的课程和工具包；针对大学生，系统里有 50 个行业真账实习和 CPA 书课包；针对在职人员，则有初级、中级、CPA 等考证类产品的书课包。再向下细分，比如针对 CPA 意向学员时，S 端有标准化的、连续 5 天的名师引流直播课。这样，无论是直营校区的新手，还是加盟校区的新加盟商，都可以平等地得到名师的引流助攻。

图 4 - 12 就是上述三个层次的案例示意。

|  | 零基础 | 在职提升 |  |  | 大学生 | 企业主 |
| --- | --- | --- | --- | --- | --- | --- |
|  |  | 财务主管 | 财务经理 | 财务总监 |  |  |
| 双师 |  | 无 | 无 | 无 |  |  |
| 面授 |  | 无 | 无 | 无 |  |  |
| 直播 |  | 2980 / 2年 | 3980 / 5年 | 4980 / 5年 |  |  |
| 录播+直播 |  | 1680 / 2年 | 2380 / 5年 | 2980 / 5年 |  |  |

| 权益配置 |  | 授课形式 | 在职提升 |  |  | CPA会计法第一次课 | 第一天 | 9：00—12：00 |
| --- | --- | --- | --- | --- | --- | --- | --- | --- |
|  |  |  | 财务主管 | 财务经理 | 财务总监 | CPA经济法第一次课 |  | 12：00—15：00 |
| 课程权益 |  |  |  |  |  | CPA税法第一次课 |  | 15：00—18：00 |
|  |  |  |  |  |  | CPA审计第一次课 | 第二天 | 9：00—12：00 |
|  | 智能系统 |  |  |  |  | CPA财务成本管理第一次课 |  | 12：00—15：00 |
|  | 学习服务 |  |  |  |  | CPA公司战略与风险管理第一次课 |  | 15：00—18：00 |
| 服务权益 | 就业服务 |  |  |  |  | CPA会计第一次课 | 第三天 | 9：00—12：00 |
|  | 大咖财税管理增值课 | 录播 | 1次 | 1次 | 1次 | CPA经济法第一次课 |  | 15：00—18：00 |
|  | 增值服务 校区公开课 | 面授 | √ | √ | √ | CPA税法第一次课 |  |  |
|  | 续报课程折扣权益 |  | - | - | - | CPA审计第一次课 | 第四天 | 9：00—12：00 |
| 毕业证书 |  |  |  |  |  | CPA财务成本管理第一次课 |  | 12：00—15：00 |
|  |  |  |  |  |  | CPA公司战略与风险管理第一次课 |  | 15：00—18：00 |
|  |  |  |  |  |  | 考霸老师带你划考点-CPA会计、经济法 | 第五天 | 9：00—12：00 |
|  |  |  |  |  |  | 考霸老师带你划考点-CPA审计、税法 |  | 12：00—15：00 |
|  |  |  |  |  |  | 考霸老师带你划考点-CPA财管、战略 |  | 15：00—18：00 |

**图 4 - 12　S 端对营销侧的赋能体系和标准化**

## S 端能力构建的必经之路

本节将以装修行业的细分领域房屋局部改造为例，解读为什么只有基于自营的重模式是构建 S 端供给侧能力的必经之路。

本节选用的案例企业益鸟美居是一家聚焦房屋局部改造业务（以下简称"局改"）的商家。局改业务与常规装修不同，局改是边改造、业主边居住，所以对施工环境、材料环保、施工周期、价格都有更高的要求。而局改的行业痛点则在于交付和供给。很多做局改业务的商家，工人的外包率高达九成以上，企业的精力基本花费在营销获客上，其结果必然是履约交付过程完全依靠传统打法，极依赖工人的个人经验，无法使服务标准化、工人职业化。而益鸟从一开始就选择了"重"自营模式，所有工人全部是自己的员工。选择自营，是基于益鸟对行业的底层思考。因为不做自营，就不能保证数据的采集、案例的沉淀；而没有这些积累，就不可能完成局改这个特殊品类的全流程数字化和智能化改造，也不可能积累足够多的客户需求和数据。这些问题解决不了，更无法解决规模化输出的问题。

无论是装修还是局改，行业的数字化大部分停留在"前半截"，也就是设计、供应链、商机获取等环节；但一旦到了落地交付环节，就会问题百出，其本质原因就在于人。只要服务者的标准化和规模化解决不了，装修永远都是一个供方市场。数字化系统再高级，设计方案再完备，工人不愿意做或者做不好，都是无法落地的。而一如前文阐述过，装修行业工人的平均年龄已经达 45～50 岁，外包模式下，他们对数字化改造的接受程度和配合程度较低。加之如果没有基于大量工地的数据录入和沉淀，没有全面、真实、客观、可靠的案例，S 端的能力建构自然就无从谈起了。所以，全自营模式、全自营工人甚至年轻化的全自营工人队伍，就成为局改行业沉淀 S 端能力的必经之路。

益鸟在过去五年时间里，通过自营模式沉淀了十几万个真实客观的案例，并通过自研 SaaS 系统的处理，提炼出一套足够标准化的操作流程，覆盖从方案、材料、人工到工艺、品控、验收各个环节的整套流程，实现了 S 端能力的标准化。比如，针对漏水问题，传统方法依赖工人的经验判断，经常出现判断失误的情况，反而破坏了原有装修。而益鸟的标准化判断流程和工艺，依赖 S 端大量数据和案例积累的方法论逐级推导，确认问题后输出包括材料、人工、工期、过程管控、效果、成本在内的解决方案，由客户选择后再实施。

益鸟在 S 端的标准化，并不源于 SaaS 系统的高级或者中台专家的业务经验，而是来自海量的试错和积累。唯有通过自营体系对每一次错误的沉淀、标签化和数字化，才有可能完善供给侧的标准。此外，益鸟也提倡通过材料和工艺的变革，从传统湿法施工向干法施工转变，把过去完全依赖现场施工的工序预制化，比如把涂料粉刷转变为墙板装配。施工环境的变化，既有利于施工落地的进一步标准化，又有利于吸引年青一代的师傅进入这个行业。事实上，通过长周期的自营积累，益鸟实现了信息技术的标准化（SaaS 系统）和工程技术的标准化（包括工艺、工法、材料、装配等），从而构建了 S 端赋能 B 端的能力，为未来的规模化发展提供了可能性和基础。

回顾本地生活服务行业的独角兽，无论是贝壳、华住还是超级猩猩，无一例外不是从"重"模式做起，先纵后横，通过直营门店、自营服务者、自研 SaaS 系统来沉淀 S 端的供给侧能力。这种早先屡被怀疑的"难而正确"的成长路径，已然成为本地生活服务行业重构的必经之路。

## 本节总结

- S2B2C 最大的创新，是 S 端和小 B 端共同服务于 C 端。它强调给予小 B 端足够的个性化和自主性，去和 C 端产生情感连接；而同时，它更强调 C 端作为企业一切运营的起点，把客户的互动持续通过数据和系统传输给 S 端，从而让 S 端成为真正的数据大脑和智能商业系统，最终更好地赋能 B 端的商家。S 端是赋能于 B 端，而不是管理 B 端，它们不是买卖关系，也不是传统的加盟关系。

- 理解 S 端至少要参透三重要素：底层基于行业理解的标准化业务规则和策略，中间层的供应链供给，表层的 SaaS 系统和工具。如果不能把这三层作为一个整体解决方案去理解，就无法建构真正的 S 端能力，自然也就无法实现 S 端对 B 端的赋能。

- 一个平台的 S 端能否集成标准化、结构化的营销资源，并通过"SaaS 系统 + 人力培训"的双管道赋能给一线的门店，决定了前台门店的生死，也往往是 S2B2C 模式要迈过的第一道门槛。

- 全自营模式、全自营服务者，就成为本地生活服务行业沉淀 S
端能力的必经之路。

## S 端的革命 1：人的革命

案例：益鸟｜堂吉诃德｜BodyPark｜贝壳｜58 同城｜天鹅
到家｜乐刻运动

新服务消费的本质，在于如何重新定义生活服务业的供给侧
与需求侧。而供给侧的革命，就在于人的革命和服务的革命。本
节，就首先来探讨有关人的革命——平台如何降低对服务者的依
赖？如何提高服务者的效率？

> 降低对服务者的依赖：数字化、标准化、协作化

首先来回答，平台为什么要降低对服务者的依赖，以及为什
么要提高服务者效率这两个问题。

第一，无论是装修工人、健身教练、培训老师、房产经纪人
还是心理咨询师，如果服务交付过程中完全依赖其个人的经验能
力甚至心情状态，那么消费者得到的服务体验可能千差万别，平
台侧能得到高质量反馈（表现在商业上可能是续费、转介绍等）
的概率也大大降低，投诉率和退费率可能居高不下。这是一个典

型的由于非标和依赖个人带来的服务方差问题。

第二，对于头部高水平服务者，平台或商家都是既爱又恨——不敢管理、同行可能挖人、分成比例太高、管理者被销售冠军"绑架"……凡此种种，不一而足。甚至很多管理者不约而同地认定头部服务者是无法给门店赚钱的，因为他们的分成比例太高，但不给这么高的分成就很容易被同行挖走。头部服务者个人价值的无限放大，也是对商家、平台和行业的一种伤害。

第三，有关服务者的服务效率。在数字化水平不高的企业或行业中，效率自然无从谈起。但即使在已经全面数字化的赛道中，低效率的服务和服务者仍然是大行其道的。比如，看似给房东拍摄房屋 VR 是一个高科技助力消费体验升级的数字化手段，但当一个小区 5 家房产经纪品牌门店均上门拍摄 VR 的时候，房东的心态就可想而知了。

要解决上述两个核心问题，其实有三个关键词：数字化、标准化、协作化。

数字化和标准化往往是同时发生的。比如前文提过的房屋局改领域的服务商益鸟，就通过 SaaS 系统的标准化以及工艺技术的标准化，把装修维修工人的工艺工法尽可能缩小方差，缩小对个人经验主义的依赖。而主打工装装修的堂吉诃德，则通过智能化生成 BIM 9D 数据，省去传统装修中依赖人工的预算、采购、项目管理等环节。再比如，新锐的在线健身服务商 BodyPark 型动公园，就通过一套自研的"**AI 火柴人**"的姿势识别引擎，帮助健身教练在一对多直播小课的培训中，能更快速准确地识别用户的身体姿态问题。各行各业的创新者都在尝试通过数字化和标准化，来降低服务者自身能力带来的体验方差，并降低服务过程对服务者个人的依赖。

而协作化的必要性源于主动和被动双向的诉求。主动的诉求和平台的理念与理论有关。多数情况下，平台本身并不会创造价值单元，而创造价值单元的主体是平台内的参与者，在服务业也就是服务者。平台是"信息工厂"，但无法控制其库存。它提供作业场地和平台基建，培育一种质量控制文化，通过创造出过滤机制来筛选有效价值、屏蔽不需要传递的单元。在这种平台理念中，平台内参与者的角色越多、交互互动的频次越高，平台的价值就越大。而平台的核心策略正是设定一些有更高交互可能性的价值交换机制，来提升平台的活跃度和双边的匹配度。从这个意义上看，让服务者产生协同，多人多店共同参与一次服务过程，正是平台价值最大化的方法论。而所谓被动诉求则是前文阐述过的，在一些动态均衡、交易无法轻易闭环的服务行业，如果所有服务由一个服务者在线下完成，线上平台甚至商家自己，都无法保证该服务者会把订单录入系统。而如果把服务过程切分至最小颗粒度，分派给多个不同角色的服务者共同完成并共享订单的收益，则在协作化的同时，服务者之间的互相监督和个人关联利益也会助力平台闭环每一笔交易。

## 典型案例：ACN 经纪人合作网络

贝壳在行业内提出的 ACN 经纪人合作网络，是一个非常典型的通过协作化、数字化、标准化来降低服务过程对人的依赖，同时极大提高服务效率的案例。本节就来仔细解读 ACN 对服务业中"人的革命"的启发价值。

ACN 的玩法由来已久，可以说至少在房地产行业已经沉淀了十多年之久，是主流直营房产经纪公司（如链家、我爱我家、麦田、中原地产等）和强管控特许加盟房产经纪公司（如 21 世纪不动产的 M + 平台、中环地产等）都在使用的一套公盘联卖系统。贝壳对这套规则进化的贡献在于跨品牌联卖的实现。按本书前文阐述的相关理论，不妨总结一下，贝壳这次进化符合哪些核心规律。

（1）流量后置收费。产业互联网平台说服商家入驻平台、使用平台的供给侧，需要流量作为抓手，更容易实现。

（2）统一管理房源、客源及交易闭环，商家只保留品牌运营。当一个行业供给侧的公共职能部分和业务运营部分很难拆开时，商家入驻平台往往意味着放弃自己的独立运营能力。

（3）扩张品牌的用户画像。全闭合型平台进驻一个城市时，往往会受到直营类商家的集体抵制，而弱加盟类商家和中小商家更容易被吸引入驻。

（4）楼盘字典、ACN 公盘体系、CA 的赋能体系以及"A +"

SaaS 系统。产业互联网有"先纵后横优势论",通过长周期沉淀的供给侧资源、基建能力、人力组织复制能力和业务系统数字化能力等,可以对中小商家形成降维打击。

不难看出,贝壳的进化,是在一个合适的时机,用符合产业互联网规律的方式,吸纳适合自己平台模式的商家,进而形成了基于 ACN 跨品牌联卖的协作能力。跨品牌房源联卖,在贝壳之前无法实现,主要是因为不同品牌的房产经纪公司从楼盘字典、经纪人协作网络的角色定义、分边及分佣规则,到交易的佣金点数、平台管理费,再到基础的 SaaS 系统、交易大厅、金融服务商等,全部是各自独立、完全不同的,而供给侧的二手房房源又是非独家多边代理机制,这就造成跨品牌商家无法形成一套基于共性规则和管理秩序的经纪人合作网络。而贝壳携流量、供给侧、系统、交易、金融、新房等核心优势,说服入驻贝壳的商家放弃自己独立的中台,就解决了多品牌不能互通的问题。在流量的支持下,部分或全部与贝壳签约的品牌店东之间都可以形成房源联卖,经纪人则可以促成所有联卖房源的成交。而任何门店或房产经纪人在使用贝壳网流量或加入 ACN 经纪人协作网络时,都必须通过平台的授权许可并需要严格遵守流量平台和 ACN 平台的各项规则。图 4 – 13 就是贝壳 ACN 结构示意。

下面我们来仔细拆解 ACN 平台的核心规则,并且重点解读 ACN 是如何通过数字化、标准化以及协作化来降低交易过程对房

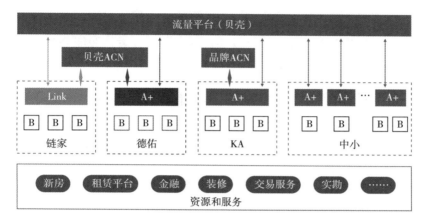

图 4-13　贝壳 ACN 结构示意

产经纪人个人的依赖的。

ACN 的核心规则包括以下几条。

（1）加入 ACN 平台，全部房源完全共享。

（2）以门店为单位划定作业范围，区分作业权限，分为维护盘、非维护盘（他店维护盘）、公盘、非作业盘。

（3）房源在 ACN 平台上具备唯一性，在保护房源录入人或维护人所属店东的优先权的基础上增加竞争策略，以促进房源信息完备、业主服务质量提升。

（4）业绩分配（角色、比例）遵循统一的规则。

（5）ACN 平台上的门店遵循统一的费率策略：统一报价、限定底价、跨店东出房遵循规定的规则。

那么 ACN 是如何通过数字化、标准化以及协作化来降低交易过程对房产经纪人个人的依赖的呢？

首先，数字化很容易理解，贝壳的所有旗下品牌都必须使用其 A + 业务系统，进行信息管理、线上签约收款、业绩分配等关键业务动作。这是一套房产经纪人作业效率最大化的线上管理平台，一旦使用，从人、货、场等各个维度，定义和标准就都有一个落地的场景和载体了。当然，这也是以入驻商家放弃自己使用多年甚至自研的 SaaS 系统，把自有数据全部迁移或并入贝壳的大中台为代价的。

其次，标准化的实现主要依赖于供给侧和交付侧规则的唯一化。上述五条规则中的第一条和第二条就是关于供给侧的基本准则——基于房源 SKU 全城通盘、唯一化以及组对盘关系基础之上人、店、盘的对应关系。而第五条则是关于交付侧的基本准则，确保跨品牌联卖过程中交易佣金的合规性以及最低标准。有了这些标准，交易过程也会变得透明、清晰，极大降低了跨品牌文化冲突以及对作业人员的依赖。

最后，协作化体现在规则的第三条和第四条中。ACN 平台在保护开盘人和维护人的基础之上，又并不剥夺其他服务者角色深耕业主、服务房东的权利。与此同时，ACN 平台标准定义了可获得分佣的角色名称、认定标准及分佣规范，如图 4 - 14 所示（图中所列百分比数据只是举例，并非当下准确规则），比如房源方的房源录入人、房源维护人、委托备件人、房源钥匙人、房源实勘人、房源 VIP 服务人等，以及客源方的客源推荐人、客源成交人以及客源合作人。

| 角色 | | 认定标准 | 操作权限及保护 | 买卖 | | | 租赁 | | |
|---|---|---|---|---|---|---|---|---|---|
| | | | | 分佣比例 | 角色人为空 | 角色人无效 | 分佣比例 | 角色人为空 | 角色人无效 |
| 房源方 | 房源录入人 | 首次录入，物业地址和业主联系电话正确 | 所有房产经纪人 | 10% | — | | 10% | | |
| | 房源维护人 | "录入即维护"；录入维护盘内房源，录入人即维护人；录入人维护盘外房源，录入人选择维护人 | 维护盘内所有房产经纪人 | 10% | | | 5% | | |
| | 委托备件人 | 最后一位上传且补全三证且合格的房产经纪人 | | 5% | | | 5% | | |
| | 房源钥匙人 | 录入系统，且钥匙真实存在 | 1.维护盘内所有房产经纪人 2.录入24小时内，保护录入人和维护人；录入7天内，保护维护人所属店东 3.成交前24小时内生成该角色不入业绩（房源录入到成交不足24小时且已生成该角色的，给予业绩） | 5% | 房源维护人所属店东 | 原角色人店东 | 10% | 房源维护人所属店东 | 原角色人店东 |
| | 实勘预约人/房源实勘人 | 1.符合实勘标准 2.业绩认定标准 买卖：实勘预约人角色认定标准为预约/上传成功 租赁：实勘拍摄人角色认定标准为上传成功 | | 实勘预约人2%，实勘拍摄团队3% | | | 10% | | |
| | 房源VIP服务人 | 1.VIP认定标准：保证金≥1000元，时间≤90天 2.VIP服务不自动替代维护人角色 | | 10% | | | / | | |
| 客源方 | 客源推荐人 | | | 5% | 客源成交人 | | 5% | 客源成交人 | |
| | 客源成交人 | | | 其余 | | | 其余 | | |
| | 客源合作人 | | | | | | | | |

**图 4 – 14　贝壳的 ACN 分佣规则示意**

大量的业务细节在其中都需要有明确的定义，比如，房源实勘人5%的分佣比例中，房源预约人为 2%，实勘拍摄团队为3%。而在拍摄团队覆盖率低、响应率低的城市，业绩认定以预约成功为判断依据；在拍摄团队覆盖率高、响应率高的城市，则以上传数据成功为判断依据。再比如，委托备件人需要是在系统里最后一位上传且补全三证（房屋出售委托协议书、房产证复印件、业主身份证）且合格的房产经纪人。而房源 VIP 服务人的认定标准则是保证金大于等于 1000 元、保护时间小于等于 90 天；当 VIP 服务人角色产生时，也并不像其他常见的联卖体系中出现的覆盖规则——VIP 服务人不自动替代维护人角色，双方都继续获得 10% 的佣金分成。凡此种种，规则越明确，参与 ACN 的房产经纪人和门店就越多，交易过程和交易结果就会出现多店、多人共同完成的场景——贝壳平均每笔交易往往都由 5 名以上的房产经纪人协作完成，这就是 ACN 带来的协作场景。

不难理解，跨品牌、跨门店的协作网络，从平台角度极大地增加了平台参与者的交互频次，让平台的价值最大化；同时，多角色、多门店参与同一笔订单，也让房产经纪人飞单的难度呈几何级增加，保障了平台交易闭环的可行性。但正如前文阐述的，在房地产行业，一旦平台标准化地管理供给侧，其业务运营的过程和供给侧的管理是很难切分开的。一旦跨品牌联卖开启，势必涉及对带看、谈判、成交等业务动作的规则策略，如果平台不出面制定规范和督导执行，跨品牌之间的合作平衡就无从谈起了。于是，关于跨店东带看的保护、关于首看保护、关于房源约谈排序、关于签约室保护规则……各种作业环节的规则接踵而来，并由平台定义。这就是典型的公共职能与业务运营分不开的场景。又由于供给侧的非独家多边代理机制在中国由来已久，在多品牌进驻贝壳之后，供给侧重复房源、重复角色如何做并网的唯一性判定以及重复角色的成交判定，如何在并网过程中保持一定灰度以保护原品牌主的利益，都成为平台规则进一步升级需要考虑的问题。

回到本节的主题，数字化、标准化、协作化在贝壳的 ACN 机制中被一如始终地贯彻，也的确起到了降低交易对房产经纪人个人的依赖、增加平台参与者交互频次等作用。而这种商业形态除了对平台利好，对服务者会不会是一种"反人性"呢？平台和服务者之间到底是零和博弈，还是共生共赢？答案显然是乐观的。ACN 的本质是抱团取暖，这对房地产行业来说几乎是唯一的出路。只有合作，才能降低基尼系数（衡量收入不平等的指标），降低房产经纪人之间的收入方差。单边比提高，会让房产经纪人群体的流动性整体上降低，尤其是在市场波动的下行期，新人能有更多机会留在这个行业。同样，只有合作，才能促成市场分工和共生网络。平台降低对人的依赖的同时，规则会驱动服务者更愿意发挥自己的长处，比如有的房产经纪人擅长获客，有的房产经纪人擅长服务房东，ACN 把各种小角色做串联，让竞争掠夺型关系演变成合作共生型关系。最后，ACN 也让房产经纪人从短视习惯慢慢养成长期主义的行为习惯。每名房产经纪人有自己对应的"贝壳分"，对于其获得贝壳网的展位有至关重要的价值，也就是说，贝壳分的获取关系到房产经纪人获得流量的多少。而贝壳分的构成要素中，除了内力（基础素质，如教育背景、从业时间、资格认证、升学考试等）、活力（平台参与度，如各类运营指标、活动指标、楼盘字典贡献度等）等业务要素，更重要的得分源自信誉（质量评价，如客户评价、商机转化、作业表现等）、侠义（平台合作，如信用分、房客合作等）及声望（行业影响力，如价值观、文化层面的建设等）。这就是用"流量—贝壳分—长期主义者行为"的驱动逻辑，驱动房产经纪人做协作向、利他向的业务动作。

## 关于"标准化"与"协作化"的理解误区

关于前面讨论的"标准化"和"协作化",有三个常见的理解误区。我们先从 ACN 来看关于协作化的理解误区在哪里。

第一个误区,自从贝壳的 ACN 概念出世之后,很多本地生活服务行业都受到启发,尝试把自己所在赛道的商业模式也进行协作化升级。比如家政行业的天鹅到家,就抛出过 SCN(Swan Collaboration Network,天鹅交易协作网络),将天鹅到家的基建能力开放赋能给第三方行业参与者,将劳动者体验、身份认证、培训、保险、SaaS、流量商机、家政履约等多个环节拆分,并在最终收益上按角色和价值贡献分配。

同理,职业教育行业也出现过 TCN(Teacher Cooperation Network,教育者协作网络)的概念。一笔学费当中,平台抽取固定百分比的管理费(类似美团外卖、贝壳等),供给侧的教研内容供应者获得固定百分比的分成回报,教学交付者按照双师、面授、直播等不同班型,针对授课老师和线下辅导老师进行固定百分比的角色分成回报。而在需求侧,网上咨询、电销、面销等不同销售角色同样按照角色定义进行收入分配。再向下细分场景,比如 NPS 转介绍学员产生的收入,则会根据是入学前介绍还是入学后介绍,增加或减少参与学费分成的角色人。而在商家侧,负责教务管理的班主任、负责就业指导的就业人员等其他角色,也有着明确的角色定义和分成比例。最终，剩余的部分就成了商家的利润。

上述家政、教育行业按角色定义和分工来拆分一笔订单收入的逻辑，是贝壳 ACN 在肆业的应用吗？答案是否定的。贝壳 ACN 本质上的创新，不是对角色定义的细化或佣金分配的调整，而在于把原先与贝壳有竞争关系的服务者，通过平台规则的再造变成了合作者，从而增大了协作网络的边界，增加了平台内部参与者的交互频次，从而提升了平台价值。而上述列举的家政、教育等行业诸多角色，本来就是企业或行业上下游关系的协作者，他们本身就在协作，也在按比例分配收入，这在原来没有 SCN、TCN 等概念之前，叫绩效分配、内部合伙人或者内部阿米巴。新概念的提出，并没有改变这些行为的本质，也没有额外增加平台或企业内部的交互频次，最多是原有分配机制的一次调整优化。所以，贝壳的强大在于它变敌为友的能力，而其他效仿者如果只是生搬硬套，则没有什么创新价值。但如果三家互为财经类职业培训竞争对手的企业——恒企教育、仁和教育、爱尔信教育，开启了一项跨品牌的教育合作，恒企招生的学员可以安排到仁和的班次中排课，并在爱尔信的教室里上课，这则可以视为真正的 TCN 了。然而，由于没有贝壳这种体量和资本能力的企业出现，在其他行业复制 ACN 并非易事。

第二个误区和标准化有关。推崇标准化到极致之后，很容易进入的误区是规则复杂化。成百上千条的规则，让入驻商家和服务者不知所从；各种随规则而来的奖惩，也让服务者叫苦不迭。减少规则，真的意味着放弃标准化吗？实则不然。途虎养车在2022 年第二季度发布了《工场店营运标准与管理规则》，一次性减少了 300 多条规则，这和几年来贝壳多次降低规则的复杂度如出一辙。事实上，追求标准化并不是一味追求规则的复杂、全面、完备，更要聚焦、有层次及明确红线。规则越多，标准化越难以落地；惩罚越大，越容易引起服务者的抗议甚至逃离。所以，在保证红线规则精准实施的基础上，以"教"代"打"，聚焦核心规则，去除冗余规则，才是平台不断进化的方向。

第三个误区，在平台制定好"标准化"和"协作化"规则后，是否就可以弱化平台对人的依赖，进而供给侧服务者的价值就没有那么凸显了呢？答案也是否定的。本地生活服务行业，得供给侧得天下。平台的标准化、数字化、协作化做得再好，也只能解决服务者从 0 分到 60 分的问题，但高分段位服务者的养成，仍然靠时间、经验甚至天赋。每个垂直领域高分段位服务者的数量是极其有限的，比如心理咨询行业，经验丰富的心理咨询师，整个中国可能也就有不到 1 万人；再比如房地产行业，经验和能力兼备的优秀门店店长，整个中国大约也就有不到 5 万人。这些都是稀缺资源，难以复制。所以，一个垂直行业的平台或大型商家，无论其平台规则多么完备，都不能忽视对于服务者的培养、养成和留存。贝壳在成立之初，就创立了国内第一所专门对房产经纪门店店长进行培训的花桥学院，并在后续的市场扩张中发挥了非常关键的作用。天鹅到家同样在成立之初就建立了家政服务人员的培训学院，构建了完善的教学体系和产出能力。天鹅到家内部有一个名词叫"科目一"，就是家政行业从业岗前考核，和考驾照科目一一样，所有家政人员上户之前必须先学习行业规矩，然后在监控下完成测试。

对服务者的培养只是第一步，更为关键的是基于服务者职业规划培训体系的建立。以乐刻运动为例，它制定了健身教练的职业成长地图——培训师、课程研发、门店合伙人、运营管理、健身网红、私教教练，每条职业成长路线上都有对应的资源、步骤和案例。这就把健身教练从整天卖会员卡的销售属性拉回到"舞台中央"，使其做回服务者本体。所以，很多竞争对手在模仿的都是表层的商业模式和结构，但底层供应链的优势，尤其是服务者人才的优势，却不是一时一刻可以模仿的。

### 开放平台怎样帮助商家降低对人的依赖

并不是所有行业都有机会出现类似贝壳这样的全闭合型平台。对于一些行业的交易服务型平台而言，其成百上千个商家是完全独立的主体，几乎没有整合成一种规则、一种协作、一种交易的可能性。那么，这样的开放平台在重新定义供给侧服务的时候，该如何做到降低对服务者的依赖呢？本节将主要讨论解决这个问题的三种方法。但在解答这个问题之前，我们可以反问：商家自身为什么没有能力减少交易过程中对人的依赖这个问题呢？

第一，服务者只有一部分行为发生在商家的可控范围之内，另外一部分行为（如采买流量）发生在平台上，超出了商家的视线；反之亦然，平台也只能获知服务者的一部分行为，而对商机进入商家内网之后的流转和成交一无所知。进而，平台卖流量，服务者买流量，获取用户之后到商家内网去成交，三者互相无法深度耦合。

第二，商家依靠自身的培训体系，很难规模化地把新人快速拉升到优质服务者的 60% ~ 70% 的服务水平和成交能力。所以，商家重度依赖头部服务者的"造血"能力，进而被他们反制。

第三，商家自身的数字化水平局限于业务流程的在线化，几乎没有 AI 能力，所以其 B 端的作业工具很难在本质上给服务者提供通用化的人工智能解决方案。没有基于表情、语音、语义、动作等识别的计算能力，没有基于用户在公域平台的行为轨迹和深度画像数据，普通服务者很难在信息匮乏的情况下为用户提供高质量服务。

上述三点就是商家无法独立依靠自身能力，降低交易过程对服务者依赖的原因。而开放型平台完全有能力就上述三点做出一一对应的解决方案，与商家共同解决。

第一个问题的关键，在于平台与商家的系统不通、数据不通，而如果该行业的商机采买由服务者自行完成，则会出现商家无法管理服务者客户资源的情况。解决这个问题的关键，在于平台和商家的互信，进而数据互通、规则互通。这种互通不以商家替换 SaaS 系统、替换规则为前提，而只是以 API（应用程序编程接口）的方式互传数据、共享行业基建信息，并在平台规则与商家规则之间搭建桥梁，实现共治。

以 58 同城的房产业务为例，58 同城通过"来电通"的 B 端产品，和商家的 SaaS 系统做双向 API 互通，结合商家定义的组织架构关系，能够把每名房产经纪人在 58 同城、安居客获取的商机信息，通过数据接口回传给商家。比如，每家门店的店长可以看到门店所有房产经纪人的商机获取情况、商机响应情况、商机录入情况，以判断房产经纪人的职业性、勤劳度、责任心等。而公司总部的经营管理者，则可以根据全城的商圈划分，分析每个大区的流量使用效率；根据"高商机、高响应""高商机、低响应""低商机、高响应""低商机、低响应"四个象限，做出数据迁徙变化分析以及排名分析，并制定奖惩规则。如图 4 - 15 所示，图上部呈现的是一个大区内门店的原始商机使用效率现状，绝大部分门店都处于"低商机、低响应"的左下象限，处于无资源、无效率的失能状态，而这在以前平台与商家信息不通的时候，集团总部是无法准确判定的。在数据互通和规则驱动之下，图下部所呈现的就是假以时日之后，这个大区的门店就开始向左上、右上的良好象限移动。而集团总部也可以根据每个大区、每个商圈的精确变化，基于规则、人员调配、培训辅导等手段做出更有针对性的管理动作。

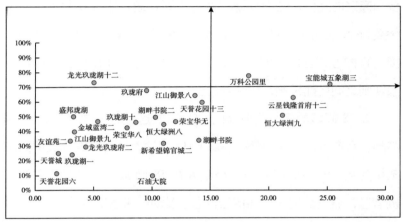

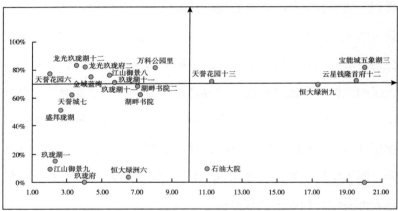

**图 4-15 商机四象限管理工具**

此外，商家在获得了平台侧的数据支撑后，就可以通过对商机的二次分发规则，降低对单一服务者的依赖。比如，在商家和平台不互通的场景下，一个服务者从平台采买到商机，完全不跟进、不服务，商家也因为不知晓这个商机的存在而无法二次分配。而当平台和商家的数据互通之后，一旦服务者超过商家规则中规定的时间段仍没有对商机进行拉私或跟进，商家就可以将这个商机二次分配给同组或同店的其他服务者。在房地产、职业教育、医美等行业，在数据互通的前提下，该规则已经被广泛应用。

至于平台，则可以拿出一部分头部流量，不按照常规商业采买逻辑售卖，而依据商家回传的交易数据、作业过程数据做出新的算法，按效率优先的逻辑分发流量。这种场景下，服务者、商家、平台在流量分发和流量使用效率上，就产生了基于平台规则、商家规则和数据规则之下的深度耦合。这个时候，就不是商家依赖服务者，而是服务者重度依赖平台和商家的规则了。

第二个问题的根源，往往是商家的培训体系是在教会服务者"把事做对"，也就是如何做、怎么做、怎么做得更好，而这恰恰是需要依靠大量实战经验和个人天赋的。因此，大量新人很难在短时间内成长成高效服务者，而一旦一家门店的业绩过于依赖个别头部服务者，就会出现隐患。开放平台拥有单个商家不具备的全域数据观察能力，也有更顶层的方法论视角。平台侧的赋能体系，更应该是教会服务者"做对的事"，而不是"把事做对"。换一个形象的比喻，就是告诉人们哪里有鱼可以钓，而不是怎么钓鱼。因为钓鱼的技巧是需要大量时间沉淀的，但新人更需要知道的是哪里有鱼可以钓。所以，平台侧完全可以通过全域数据观察能力，去找到全城所有商家或商圈中的最佳实践，尤其是基于服务者的行程安排、时间配比、线上线下动作配比等方面的标准，为商家和服务者赋能。比如，A 商圈和 B 商圈是两个临近的商圈，A 商圈人效是 7000 元/月，B 商圈人效是 10000 元/月，而 A 商圈服务者线上作业的时间远大于 B 商圈服务者，尤其在下午 3 点到 5 点，A 商圈服务者基本都在做线上获客，而 B 商圈服务者基本在做线下动作。再比如，同样的商圈内，A 公司是安排每周二、周三休息，B 公司是安排每周一、周二休息，从较长周期的数据结果观察，选择周一、周二休息的公司的数据水平高于选择周二、周三休息的公司大约 6 个百分点。这些都是典型的行程安排、时间配比上的问题。商家的培训，更多是告诉服务者怎么做线上获客，怎么做线下动作，这是"怎么把事做对"。而平台侧完全可以依据大数据来指导商家和服务者，什么时间做线上动作更合适，什么时间聚焦线下更合理，周几作为休息日更科学，这是"怎么做对的事"。双方互补，就可以把绝大部分新人的作业能力，快速拉升到 60 分。一家门店拥有一批 60 分的新人和一两个 80 分的高手，和一家门店拥有一批 10 分的新人和一两个 80 分的高手，两家门店对服务者个人的依赖程度是不可同日而语的。

第三个问题的答案其实更为明了。平台侧完全有能力自研或引入第三方诸如人脸识别、OCR（文字识别）、图片识别、ASR（自动语音识别）等 AI 能力，打造开放 API 的标准产品，让商家可以轻松调用。比如前文阐述过的，BodyPark 型动公园作为线上

健身平台，为教练提供的一套 AI 识别算法引擎——DeepBody En-
gine（人体姿态识别与动作理解系统），就可以让 AI 独立于教练
的判断之外，给训练者以更标准的评价和打分以及即时反馈；这
就让一位新手健身教练和一位有多年经验的资深教练两者之间的
差距（体现在对用户的动作、姿势问题的发现和指正上）最大限
度地缩小了。同理，一个强大的基于表情识别、语音语义识别的
引擎，也能让处于视频直播一端的心理咨询师，在系统的提示
下，更标准地识别咨询者的情绪变动和感受变动，这同样可以减
少服务过程对心理咨询师个人经验的依赖。

　　以上三种方法，大都基于开放平台能力和商家能力的互补。
如果双方可以在相互信任的基础上实现数据和 AI 能力的互通，
平台就可以与商家一起，在非全闭合、非社会性协同的情况下，
最大限度地降低交易过程对服务者的依赖。

## 本节总结

- 如何降低对服务者的依赖？如何提高服务者的效率？要解
  决这两个核心问题，有三个关键词：数字化、标准化、协
  作化。
- 各行各业的创新者都在尝试通过数字化和标准化，来降低服务
  者自身能力带来的体验方差，并降低服务过程对服务者个人的
  依赖。
- 协作化的必要性源于主动和被动双向的诉求。

◇ 平台内参与者的角色越多、交互互动的频次越高，平台的价值就越大。而平台的核心策略正是设定一些有更高交互可能性的价值交换机制，来提升平台的活跃度和双边的匹配度。

◇ 如果把服务过程切分至最小颗粒度，分派给多个不同角色的服务者共同完成并共享订单的收益，则协作化的同时，服务者之间的互相监督和个人关联利益也会助力平台闭环每一笔交易。

- 贝壳 ACN 本质上的创新，不是对角色定义的细化或佣金分配的调整，而在于把原先与贝壳有竞争关系的服务者，通过平台规则的再造变成了合作者，从而增大了协作网络的边界，增加了平台内部参与者的交互频次，从而提升了平台价值。

## S 端的革命 2：服务的革命

案例：BodyPark｜FITURE｜第壹街舞｜美丽修行｜新氧｜
恒企教育｜扇贝

如果说"人的革命"是围绕服务者而言，可以完全归属于供给侧的重塑，那么，"服务的革命"就是供给侧和需求侧的重新定义了。因为服务的过程就是供给侧对需求侧的交付履约过程。它既是供给侧数字化升级的过程，又是需求侧重塑消费体验的过程。

新服务在服务侧的革命，很大程度来自年青一代消费者对原有消费模式、消费体验的挑战。例如，围绕"轻、快、宅"的需求，预制菜市场开始大行其道，众多餐饮商家在堂食、外卖之外，又开启了类零售模式的第三赛道。而在健身运动行业，传统的推销办卡、一次性收割的强销售逻辑也被以超级猩猩、乐刻为代表的单次、单月消费逻辑逐步覆盖。美容美发领域的星客多等创新企业，也推出不办卡、不预售、不推销的模式吸引年轻人的青睐。而基于 AI 和大数据自适应学习的服务侧升级，也在各条本地生活服务赛道如火如荼地进行中。

## AI：人工智能驱动下的服务升级

随着 AI 技术的日趋成熟，本地生活服务的各行各业都开始启用 AI 技术辅助自己的服务过程，升级消费体验、助力销售过程。比如美容行业的美丽修行，就在 2020 年与旷视合作，上线了"拍照测肤"功能——基于人脸稠密关键点识别和色彩融合的 AI 算法，基于面部特征和皮肤分析，实现 AI 智能肤质分析，进而作为辅助用户做出消费的决策依据。而医美行业领军企业新氧科技的新氧魔镜，则是利用 AI 的算法对用户的脸部细节进行数据化和结构化分析，进而从年龄感、智慧感、距离感等维度分析面部的眼睛、鼻子、下巴、皱纹等方面的缺点，甚至还可以模拟整形之后的效果，从而实现对消费者查询或购买医美项目的拉动。

　　而更前沿的服务业创新，则把触角延伸到了硬件领域。比如健身运动行业的 FITURE，开发了以 FITURE 魔镜为核心产品的解决方案，通过 AI 技术把视频课程、明星教练互动以及社区互动融合到一面智能硬件的镜子（高近 1.8 米、宽近 0.6 米）当中，让用户足不出户在家庭中完成健身训练；甚至通过数据积累，FITURE 还将健身人群的饮食建议、健康管理等衍生业务纳入整体解决方案。在 FITURE 的魔镜 3 当中，有自主研发的超过 30 个大类、70 多个运动专题的细分内容，包括普拉提、有氧舞、格斗训练、力量塑形、瑜伽、拉伸、体态纠正、孕产专属、青少儿专属等。此外，FITURE 还有 24 小时随时带练的明星教练以及 AI 定制的交互课程，AI 计数、AI 计时、火柴人陪伴、语音实时纠错等通过 AI 能力辅助教学无处不在。无疑，FITURE 是在对标美国的上市公司 Peloton。在商业模式上，两者也都采用了"硬件销售 + 会员订阅"的模式，在高客单价的智能健身设备之上，再以内容和服务为切入点，收取增值服务收入。

　　魔镜技术其实早已突破了健身行业的边界。在艺术教育行业，就出现了同样以魔镜为教学工具的第壹街舞。这家专注于 3 ~ 12 岁儿童街舞培训的商家，通过智能 AI 街舞课堂以及魔镜教具，为课堂创造了智能化和趣味性的氛围，提高了孩子的学习效率和主动性。在第壹街舞的魔镜中，不仅有视频课程、教师带练、互动双师教学等 FITURE 里常见的功能，还有"云大脑"精准分析孩子特长、教学激励系统即时正向鼓励孩子学习、3D 学习伙伴带动学习氛围、智能动作捕捉抓取高光时刻以及智能灯光打造炫酷舞台效果等个性化功能。把一些简单重复的动作都交给魔镜，老师就可以更多地和孩子互动，课堂的质量和效率就能得到明显的提高。而随着整个系统的搭建，解决了课堂调动、教学方法等问题，所有的课程都通过魔镜智能系统平台输出给老师，进而老师再用它面向学生，这也一定程度上解决了教学的标准化问题。魔镜教室让 AI 能力成为提高消费体验的关键一环。而如果放眼整个儿童艺术教育行业，美术宝自主研发的 Art Loop 实时视频透视矫正系统（解决移动设备在授课场景的透视变型问题），VIPidea 采取的 AI 游戏互动教学（如剧情闯关、转盘游戏、PK 竞技等），东方音乐梦工厂以斑马 AI 钢琴系统赋能钢琴教学（老师变成助教，AI 钢琴通过数据采集可个性化推送学习方案），各种基于 AI 能力的创新早已深入培训和教学的各个环节和场景之中。

## ［ AI ＋游戏化：体验升级之上的动力升级 ］

前文所列举的美容、医美、健身、教育等多个本地生活服务行业的 AI 体验升级，很多时候被用户视为一种噱头，因为绝大部分的科技创新，在起始阶段很难进入基于行业理解的深水区，更多是吸引眼球、形成差异、提高客单价的销售助力。但是，一旦 AI 和其他元素再结合、再升级，往往就会进入一个行业的内核区域，去尝试解决其本质的问题。比如，"AI + 游戏化"在健身运动行业就被广泛应用，人工智能和游戏体验相结合，去破解健身"反人性"的核心难题。

BodyPark 型动公园创始团队的初心，就是解决健身"启动难、坚持更难"的难题。而解决这个问题的核心就在于，消灭健身道路上的一切阻力，同时增加动力。怎么做到"降低阻力"？BodyPark 给出的答案是"真人在线互动"。在线健身摆脱了去健身房的路程、时间、携带物品以及线下私教高客单价的问题，同时，"真人在线互动"的小班直播课又解决了线上录播课程或大直播课程无互动、无指导、无服务的问题。教练和用户在线双向互动，恢复了学习的温度感。而 BodyPark 又如何做到"增加动力"呢？答案正是本节的主题——"AI + 游戏化"。AI 解决姿态识别问题，游戏化解决即时反馈问题。

健身之所以难坚持，是因为反馈周期太长，人们在看到身体发生实质性变化之前，往往就已经放弃了。所以，这种延迟满足的快乐，需要坚持自律才能达成。而 BodyPark 开发的基于 Deep-Body Engine（人体姿态识别与理解引擎）的"AI 火柴人"，就可以通过识别用户的动作细节并对比动作库里的标准给出评价，给用户带来即时反馈（见图 4 - 16）。DeepBody Engine 具备业界领先的识别捕捉人体关节动作的能力（见图 4 - 17），还具备计时、计次、打分、好友 PK 排行等多项激励机制。而更快、更即时、更正向的反馈，就会使用户密集高频地产生多巴胺，在不知不觉中完成高效训练，从而产生更多的内啡肽。而多巴胺和内啡肽这两种物质，最终会给人持续的兴奋感和满足感，这就是把所谓"反人性"的健身运动变成上瘾的自发运动的动力升级。

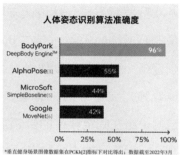

图 4-16　在线健身的 AI 识别引擎应用

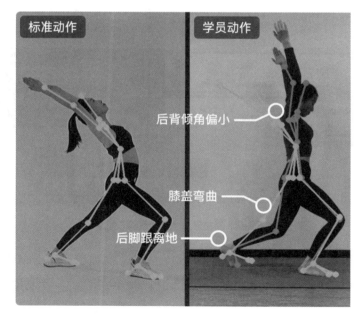

图 4-17　在线健身的 AI 识别引擎示例

如果说上述 AI 技术是达成服务升级的基础条件，那么"游戏化"则是完成从体验升级到动力升级的关键因素。BodyPark 在"游戏化"方面主要做了两件事。第一件是即时反馈。经典游戏俄罗斯方块，就是让方块整齐摆放后产生消除变化，这就是即时反馈的乐趣。而在 BodyPark 中健身，类似玩超级玛丽得到金币一样，每个动作做对之后得到的正反馈（Perfect 的动画、声效等）完全即时、有趣、显性。第二件是社交。一个相对固定的小组在固定教练的带领下，类似一个真人 PK 版的 Switch 健身环大冒险，加上私教老师的点评与互动，社交氛围感十足。课后的排行榜和体适能评估报告，也辅助增强了趣味性和可分享性（见图 4 – 18）。

**图 4 – 18　在线健身的社区化创新**

同样地，智能硬件 FITURE 也在 AI 之余追求游戏化和社交化。FITURE 针对家庭场景，支持 1 + 10 个账号绑定不同用户，进而为孩子、情侣、家人等角色提供专属定制体验。游戏化的

1v1、1v3 挑战，双人 AI 组队打卡，歌曲串烧运动下的多人 PK、弹幕互动，以及丰富的线上社区，都让底层的 AI 能力得到本质升华。

## 自适应学习："千人千面"的个性化服务升级

前文多次阐述了供给侧服务的标准化价值，但这里的标准化并不是指在消费者体验的过程中千篇一律、千人一面。恰恰相反，只有供给侧的底层框架足够标准化，结合用户行为大数据的算法才能做到为每个用户提供个性化的"千人千面"的服务升级。本节就以教育培训行业的"自适应学习"为例，来解读在有关"服务的革命"中，标准化和个性化之间的关系。

教育和健身一样，都被视为"反人性"的一个行业，要求用户有极强的自律能力。这也让从业者一直试图通过产品创新和服务体验升级，来克服业务自身天然带有的缺点。比如专注于英语教育的扇贝，就设计了诸如打卡、积分、排名等游戏化的机制和活跃的社区氛围来激励用户，这和前文阐述的健身游戏化、社区化如出一辙。但是，游戏化解决用户从"反抗"到"自愿"，只是解决了服务的第一步，也就是驱动力问题。怎样学好，怎样练好，才是服务的本体。

扇贝英语主打"间歇性重复、自适应学习、基于数据的学习"这三种有效的学习方法。

一是间歇性重复，扇贝英语能够计算出最优的复习时间差，其词库中的每一个单词都有复习和重复模型，能为用户排出最小的重复次数，避免用户浪费时间去记忆那些已经很熟的单词。而用户得到的，就是高效率、高质量的服务体验。

二是自适应学习，扇贝英语会根据用户对单词熟悉度不同，动态调整学习材料和学习方法，达到循序渐进的目的。在学习初期，用户只需要看到单词去选择正确的中文释义；再过几天，会只播放单词的发音，让用户选择中文释义；再过一段时间，就会给出一个例句的上下文，让用户选择填入正确的单词。

三是基于数据的学习。自适应学习的底层基础是知识点最小颗粒度的标准化，而表层应用则是根据用户的学习行为，个性化地推送和组织学习内容。其最主要的方法论包括：基于艾宾浩斯记忆原理制订复习计划以对抗遗忘，系统实时扫描用户的薄弱点并有针对性地强化学习，高频错题反复训练、考点图谱帮助用户查缺补漏。图 4 - 19 就是恒企教育 SEE·AI 系统中的"红绿灯知识图谱"，分色图谱一目了然，帮助学员有针对性地突破知识盲区。而这些数据的分析，也来自学员日常一点一滴的练习。比如，用户在线下学完某一个章节的知识点之后的第 8 天（8 天左右的周期，是最容易让人遗忘一个知识点的），收到 App 端的一条推送消息，正是这个知识点的复习视频和练习作业。再比如，学员在线完成了一套题的考试，成绩出来后，根据错题的情况，系统会立即推送一套针对错题集中的知识的定向真题，而线下的辅导老师也会同时收到一条推送消息，告知他该学员有哪些知识点没有学会，以便在后面的面授和辅导环节帮助其加强训练。甚至在资格证考前的押题阶段，押题试卷都是由 60% 的老师押题内容加上 40% 的学员未掌握知识点组成的，以此来达到为每位学员提供最有效、最精准的复习路径的目标。

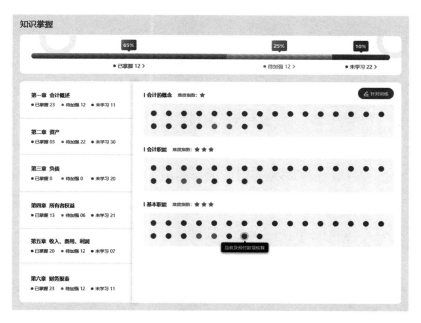

图 4-19 自适应学习示意

## 关于"服务升级"的理解

本节中诸多案例，基本以 AI、"AI + 游戏化"、自适应等基于人工智能、大数据的高科技体验升级和消费升级为主，那是否可以认为，产业互联网或者说"新服务"有关服务的升级，就等同于科技创新在服务业的一次整体应用呢？答案是否定的。

我们要正确理解服务升级的内涵。科技创新固然会给本地生活服务的各个赛道带来基于 AI、大数据、物联网的新机会、新体验，但是，服务的本体还是服务，是服务者对消费者诉求的满足以及情感的连接。绝大部分重度依赖线下作业的本地生活服务业，其服务的全链路中依然有绝大部分服务动作是传统的，更偏重情感和感受层面的。比如，途虎养车在服务升级的标准化上提出了"途虎八步"，并没有什么高科技，却可以构成服务升级的核心。以其交车环节为例，门店必须由两位技师进行施工质量检查，且两位技师必须有对应项目的施工资质，这就是所谓的双人质检。而在服务环节中，门店需要主动与客户核对产品及服务项目、旧件展示以及多余件确认等，提升客户体验。在客户休息室服务环节，服务经理在第一时间接待客户的同时，需要满足不同客户的个性化需求，如提供饮品、玩乐设施等。同样地，链家在房屋交易环节标准化的 35 个动作，以及围绕房屋交易全流程做出的保障承诺，也依然是沉重的、缺乏科技味道的，却比线上的 VR 带看、IM 自动聊天等更具核心竞争力。可见，高科技含量的服务升级，更像这一轮新服务浪潮中的高光，而服务本体的标准化和品质提升，才应该是服务重塑的本体和根基。

## 本节总结

- 服务的革命是供给侧和需求侧的双向重新定义。因为服务的过程，就是供给侧对需求侧的交付履约过程。它既是供给侧数字化升级的过程，又是需求侧重塑消费体验的过程。

- 随着 AI 技术的日趋成熟，本地生活服务的各行各业都开始启用 AI 技术辅助自己的服务过程，升级消费体验、助力销售过程。而更前沿的服务业创新，则把触角延伸到了硬件领域。

- 标准化并不是指在消费者体验的过程中千篇一律、千人一面。恰恰相反，只有供给侧的底层框架足够的标准化，结合用户行为大数据的算法才能做到给每个用户提供个性化的"千人千面"的服务升级。

- 科技创新固然会给本地生活服务的各个赛道带来基于 AI、大数据、物联网的新机会、新体验，但是，服务的本体还是服务，是服务者对消费者诉求的满足以及情感的连接。

## B 端的重新定义：强营销 vs 情感连接

案例：达内教育 ｜ 链家 ｜ 轻氧洗衣

在讨论 B 端（商家端）该如何重新定义之前，我们不妨问一个问题：如果 B 端不去重新定义，又会怎么样？

### 强营销的现状与困局

今天的本地生活服务业，其中绝大部分还是销售型商家，以强营销为主要的生存手段。理解"强营销"，可以分两层。

第一层商机从哪里来。商家从早期的搜索引擎，到中期的信息流广告，再到当前的短视频、社区营销，依靠大量的市场推广费用获得用户，这是过去最主流的模式之一。但其实近些年来，这种依靠市场投放获得商机的强营销，已经走到了市场红利期的尽头。以职业教育行业 IT 培训的上市公司达内教育为例，从其财报中不难发现，2016—2018 年，公司的销售费用占比分别是 33.43%、35.43% 和 49.53%。这个数字可以说不合常理，因为按这个模型推导，职业教育在流量市场的投入产出比已经降至 1：3 甚至 1：2 的水平了；而几年前，投入产出比还保持在 1：8 甚至 1：10 以上。但是，这不单单是达内教育的问题，这是整个职业教育市场的问题，甚至是所有培训品类的问题。

第二层是如何转化商机。虽然前文也提过类似超猩、乐刻、星客多等少数创新企业已经摆脱了强推销的卖卡模式，但绝大部分的商家依然保持对用户的强推销、强洗脑、强转化。从商家到销售个体，无一例外地希望一次性获得高客单价的收入，而不是适度的、长尾的、可持续的收入。因此，商家对到店用户基本采用传统的心理打压和贩卖焦虑的销售策略，尝试在用户焦虑值最高点的状态下控制其心智，进而实现用户的冲动消费。房产经纪人在用各种虚假信息打压房东报价，招生老师在以爱之名道德绑架学员刷信用卡报名，婚介红娘在制造焦虑甚至以恐惧心态逼迫单身用户办会员卡……因为获客成本太高、转化能力又太低，所以一方面商家都要把客单价尽可能拉至最高，另一方面每一个潜在用户都需要商家无所不用其极地去控制其心智。在这样的氛围和习惯之下，平等、尊重、长尾都被扔到九霄云外去了。而日趋年轻化的消费群体早已无法接受这种强营销模式，于是在投入产出比高速下滑的同时，可转化的客户占比也高速下滑。绝大部分依靠市场投放获客的大型商家，其可转化的用户占比已经低于5%，而口碑转介绍的占比也从既往的30%左右的良性水平持续下滑。多重因素叠加，很多行业的商家已经到了不变就无以为继的悬崖边缘。

如表 4 - 2 所示，以职业教育行业为例，不难看出，在绝大多数的商家理解当中，培训类赛道因为用户的画像、频次、来源等问题，就应该采用强营销的方式，才能达成高客单价、高转化的结果。但事实上，随着"95后""00后"逐渐成为此类行业的消费主力，低内驱、拖延、"躺平"、低焦虑成为这类人群的主流心态之后，哪怕是看似励志的职业规划，也会因为过强的营销导向和控制性导致用户逃离。而当传统的商家基因里只会用"强营销"和"洗脑"，而不会使用中长周期的"情感连接"和"吸引力法则"时，就必然会陷入投入产出比越来越低、客单价越来越高的怪圈。

表4-2 学习与培训的差异对比

|  | 学习 | 培训 |
|---|---|---|
| 培训方式 | 服务者教学，或 AI 教学（如英语） | 服务者教学（职业教育） |
| 培训人数 | AI 教学可以无穷大，边际成本低 | 有班级概念，小于等于 30 人为宜 |
| 标准化程度 | 标准化（学习过程、学习结果） | 非标（经验＋技能） |
| 学习目的 | 考试通过 | 找到工作（求职就业） |
| 人群画像 | 白领，在职 | 蓝领，无业，三低人群 |
| 经济基础 | 有经济基础但价格敏感 | 无经济基础但可以接受金融分期产品 |
| 营销方法 | 社群、口碑、转介绍 | 广告投放、电销、强营销 |
| 客单价 | 低客单价，高 NPS | 高客单价、低 NPS |
| 主流品类 | 英语，资格证 | IT、学历、财经、设计 |
| 交付形式 | 线上 | 线下、双师、OMO |
| 售后指标 | 考试通过率 | 就业率、退费率 |

## 困局下商家常犯的两个错误

面对强营销模式的困局，很多商家在开始自我升级和变革的过程中，往往会犯两个错误。

第一个错误，做社群营销，与强营销互补。在大量商家的理解当中，强营销和社群营销的区别就在于，前者是在 IM、电话、现场三大场景完成的成交转化，而社群把用户的停留地点放到了微信群里；前者是通过投放在百度的广告着陆页引流，而后者是通过在抖音、快手的短视频或直播引流。

这种表层形式上的转换，并不能带来对用户感知和心智层面的变化。如果在一个微信群中，官方代表不断发各种直播、免费公开课、工具包、开班典礼、案例文章等消息，这其实本质上与电销、面销没有区别，都是自上而下、目的性非常明确的强转化。社群营销的本质是要把"快"变"慢"，把"一次到位"变成"多次复购"，而不单单是给予用户一些免费体验的环节或福利。从这个角度看，商家需要从"情感连接"的层面去重新认识销售过程。比如说，用户获取信息的渠道不再来自官方，而来自社群里其他用户的真实分享。这就要求商家有长期主义者的文化价值观，而不是让服务者都陷入短、频、快的误区。

第二个错误，自己做数字化系统，以提高营销效率。除了超大型商家，其他商家自研 SaaS 系统这件事不能说一定错，但可以肯定不是必选项。几乎所有商家自研系统的目的都是个性化，但其实至少有 80% 的功能需求都是通用化的，一般只会有 20% 左右的需求是商家的差异化需求，而且这部分差异化细节是否为真需求，以及是否一定要数字化到业务系统里，还是未知数。但就是为了这一小部分个性化，大量商家在数字化理念盛行的当下，都选择了自研系统这条路作为数字化企业、互联网企业、提高营销和作业效率的一种自我标示。殊不知，随着自研系统使用时间越来越长，其功能往往与大平台提供的 SaaS 或第三方 SaaS 的差距与日俱增，但由于业务人员使用的习惯性和公司内部组织的顽固性，商家已经被自研系统"绑架"，时间越久越难以选择放弃自研系统而使用第三方系统。商家在背负高额研发成本的同时，由于其自研系统在数据资源上的局限性，反而会降低营销效率。

近年来，很多商家都开始推崇做私域流量，于是开始研发私域流量产品。但与此同时，流量平台为了提高流量的使用效率，也往往会开发免费的私域流量工具给平台客户使用。其区别在哪里呢？流量平台开发的私域流量工具可以观察到每个用户在平台公域的行为轨迹并生成底层用户画像，所以可以在私域流量工具内给每个用户贴上更准确的标签，甚至对后续该用户在公域的行为进行脱敏后的提醒。显然，企业自己开发的私域流量工具仅仅是一个工具，如果全员使用，则在营销的信息丰富度层面会弱于使用流量平台的同类工具。可见，数字化并不是万能的，自研系统也不是解决营销和供给问题的唯一途径。

商家要自研业务系统，首先要看自研什么。如果是基础流程的作业模块，或者是第三方、流量平台都有的通用模块，那其实不是在数字化，而是在重复建设、增加中后台成本。作为普通商家（超大型商家不在本节讨论范围内），首先需要做的是尽可能与流量平台打通数据接口，尽可能从平台拿到有效的数据信息和用户画像，甚至尽可能地拿到平台侧的基建数据，避免重复开发和重复基建。与此同时，商家可以研发平台侧不会涉足的个性化模块，或自己独特业务理解下的特殊需求。比如上文提到过的，如何让社群里的用户自己分享和发表感受，并且让所有其他的新用户看到和影响决策；这类围绕情感连接的个性化工具，反而是极其缺乏的。

## 怎样才算好的"情感连接"方式？

B端最大的价值就在于和C端的情感连接，这也是无论S端多么强大、标准也触达不到的人性化的一个层面。所以，B端重新定义的过程，需要紧密围绕S2B2C的分工，B端的价值观需要从营销C端变成服务C端，转变的关键就在于制造情感连接。尤其是低频业务，服务者与消费者的连接频次低，更需要服务者做更大的创新和努力，去创造增加信任基础的情感连接方式。

房产经纪就是一个典型的低频高客单价的业务，这类业务最大的难点就是服务者与消费者之间的信任建立，因为服务是低频的，服务者与消费者的连接往往较短暂，这就给信任的建立制造了天然的障碍。然而，以链家、麦田为代表的房产经纪品牌，在很早之前就开始突破低频服务的边界，在门店为社区用户免费提供诸如打印、代收快递、搬东西等服务，把一次性的房屋买卖服务一下延伸到了日常生活服务。这就是一个典型的好的情感连接方式。因为一个房东找房产经纪人卖房子，往往不是因为只能找他卖，而是因为在长期的生活连接中，他和这名房产经纪人形成了信任关系甚至朋友关系。而这种情感连接的方式，其实完全有更大的延展可能性，如拓展洗衣洗鞋、预制菜甚至咖啡等业务。

以洗衣服务为例。仔细研究当今洗衣行业领先的轻氧洗衣，不难发现，它和几年前的 e 袋洗并没有太多本质上的区别：都是快递远程收取，送到城市中央工厂清洗。甚至为了在本地生活 App 上能被每个商圈搜索到，类似轻氧洗衣这样的线上清洗服务商还需要在很多大型城市设置很多虚拟店铺，只用于被各类本地生活 App 在"附近"搜索到，进而获客。而假如房产经纪公司的社区店摆放一排存取衣服鞋帽的标准化柜子，由 App 调度该门店有闲暇碎片时间的房产经纪人去客户家里收取和送还衣服呢？这既能给房产经纪人和业主之间的情感连接增加了可能的理由和介质，又能给洗衣服务商节省相当多的配送成本。甚至房产经纪门店里的存取柜还可以配置高清摄像头，用于房产经纪人取来衣服后，由清洗工厂的品控人员远程判断这些衣服是否符合送洗的标准；而对于不适合送洗或容易产生纠纷的衣物，房产经纪人可以再次送还给业主并说明原因。这其实是更好的情感连接，也是更大意义上跨行业、跨服务的 ACN。如果是预制菜的柜子呢？那就会增加业主到店的机会，增加高频的接触场景。当然，抢夺便利蜂的低价咖啡的入口生意也不是不可能的。如果低频业务的房产经纪社区店增加并匹配高频业务的场景，并充分利用诸如房产经纪人等有明显闲暇碎片时间的服务者的空余劳动力，其实是一种更大范围的服务业社会协同。

## 本节总结

- 今天的本地生活服务业的商家，其中绝大部分还是销售型商家，以强营销为主要的生存手段。商家对到店用户基本采用传统的心理打压和贩卖焦虑的销售策略，尝试在用户焦虑值最高点的状态下控制其心智，进而实现用户的冲动消费。

- 第一个错误，做社群营销，与强营销互补。这种表层形式上的转换，并不能带来对用户感知和心智层面的变化。社群营销的本质要把"快"变"慢"，把"一次到位"变成"多次复购"，而不单单是给予用户一些免费体验的环节或福利。

- 第二个错误，自己做数字化系统，以提高营销效率。除了超大型商家，其他商家自研 SaaS 系统这件事不能说一定错，但可以肯定不是必选项。作为普通的商家，首先需要做的是尽可能与流量平台打通数据接口，尽可能从平台拿到有效的数据信息、用户画像和基建数据，避免重复开发和重复基建。

- B 端最大的价值就在于和 C 端的情感连接，这也是无论 S 端多么强大、标准也触达不到的人性化的一个层面。

- 如果低频业务的房产经纪社区店增加并匹配高频业务的场景，并充分利用诸如房产经纪人等有明显闲暇碎片时间的服务者的空余劳动力，其实是一种更大范围的服务业社会协同。

# 第五章

## 结构化思维：生活服务业商业模式
## 重构的核心工作方法

　　结构化思维，以"识别、对应、结构、表达"为要点，是生活服务业商业模式重构的核心工作方法。在这种工作方法的指导下，可以将任何一个行业的业务动作做最小颗粒度的"切片"，进而对其进行重组、改造、升级，尤其是针对痛点问题输出策略。而通过一整套互联网的产品和系统，则可以有效地落地和执行这些策略。本章将通过养生、装修、房产、教育等行业案例，将结构化思维应用在组织"切片"、流程"切片"、产品"切片"、营销"切片"、供给侧"切片"以及用户生命周期"切片"等典型场景之中，带领读者一起体会和学习这套方法论。

## 什么是结构化思维

案例：养生行业 ｜ 职业教育行业

　　结构化思维（Structured Thinking）是指一个人在面对工作任务或者难题时能从多个侧面进行思考，深刻分析问题出现的原因，系统地制定行动方案，并采取恰当的手段使工作得以高效率开展，取得高绩效。如果说这个标准定义显得很空洞，那么不妨形象化地理解一下结构化思维。

甲向乙描述了自己企业的现状。甲的描述很感性，从信息点到举例，从故事到细节，很生动，信息量也很大。甲说完后，如果乙不具备结构化思维能力，那么他最理想的状况是：听懂，且被甲的描述所感染；能部分重述甲的描述中的重点。如果乙具备结构化思维能力，那么他其实根本不是在听甲描述，而是在重构甲的描述——乙一边听，一边会把甲描述的信息碎片、案例、细节系统化、条理化，置于自己脑海中的框架里，这个框架是乙一整套思维方法和经验积累所得。乙接收到的和改造后的信息，已经和甲描述的完全不同，因为已经经过结构化的处理。于是，乙可以立即根据自己的理解，抓住要点、痛点，乃至立即提出可能的解决方案和思路。这个过程中有四个关键步骤——识别、对应、结构、表达。因为有了对应和结构，就从纯线性的接收，变成了非线性的"再造"，这就是结构化思维的精髓。

假如有一位企业家和我这样描述他遇到的困难：他有百年传承下来的治疗方法和治疗能力，过去 20 多年做品牌授权的连锁经营，也已经覆盖了几十个省份，有几百家连锁经营店，但现在遭遇了发展瓶颈——新兴的美容院在抢走他们的客户，各地代理商根本不了解他们厂里研发的新产品，门店给客户使用的产品错乱，一家店一个月赚不了几万元，也进不了多少钱的货；生意越来越不好做，所以加盟代理费收取也越来越不正规，有的代理按规定收，有的就干脆不收，结果造成各加盟店经营者的心理无法平衡。为了和新兴的美容院形成竞合关系，他们甚至还开发了一套全新产品和新的品牌，专门用于给美容院供货，在美容院里给客户使用。然而，新老两个品牌却在当地形成了竞争关系，不同的代理商甚至将对方投诉到总部，难以协调。之前试图用第二个品牌来帮助第一个品牌的计划基本落空。

有结构化思维的人听完这段话，脑海里立即会呈现出怎样一个框架呢？大略是如图 5 - 1 所示的一个典型的金字塔结构的思维框架，无论有多少细节信息，都可以有规律地纳入这个框架中来，进行分类和判断。于是，我们很快便可以提炼出三个要点：

（1）总部有没有可能重组一个强管控的模式，区域变成直营或联营，核心资源回收总部管理？

（2）品牌 B 有没有可能变成品牌 A 的前线，引导该产品进入的美容院成为品牌 A 的加盟店投资人？

（3）如果前两者都太困难，那么继续弱管控的轻加盟模式下，有没有可能通过重构运营规则、标准化资源和运营策略，来让中台（区域）有更好的服务能力和运营能力，用运营来代替管控，进而让前台有序地发展、竞争？

结构化思维的框架是需要相当多的实战经验和行业知识积累的，所以，这种结构化能力的形成并非一日之功。但结构化思维

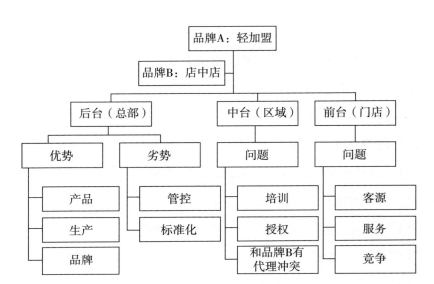

**图5-1 一个结构化思维的典型案例**

的方法论几乎是人人都可以练习和使用的,这就是一种将业务流、工作流最小颗粒度"切片""分解"的方法,类似成语中说的庖丁解牛。

图5-2是职业教育机构学员的全生命周期行为动线,也是结构化思维将业务流最小颗粒度"切片"的一个典型应用。图中的16个大动作模块,可以粗略分成三大部分:第一部分是"成交前",也就是"拉新""留存""转化"这三个动作。第二部分是"成交后",且可以再细分为"学前""学中""学后"三个小单元。其中,"学前"包括"职业规划"和"学习计划";"学中"包括"预习""听课""练习""复习"和"考试";学后包括"实操"和"就业"。第三部分是"毕业后",包括"素质学

习""职场社交""定制化学习"以及"跳槽加薪"（再就业）这四个动作。每一个动作模块，针对如何提升消费体验、提升教学交付效率，进一步切分出具体行为举措和策略，能够实现整个职业教育链条的升级和再造。

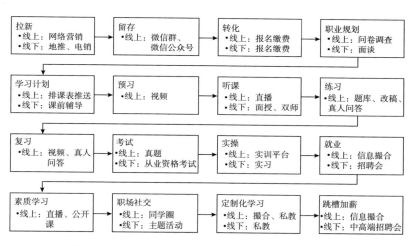

**图 5 - 2　职业教育机构学员的全生命周期行为动线**

　　这种方法是一家企业乃至一个行业的产业链升级、重构的最重要的第一步。只有按最小颗粒度的方法把每一个动作切分清楚，才可能看清事物的本质和问题的本源，进而该扔掉哪些过时的环节、该补进哪些原来没有的环节、该替换或升级哪些已经跟不上时代的环节，才会一清二楚。一个金字塔原理的框架结构，加上一个最小颗粒度的"切片"方法，就是结构化思维的精髓；而结构化思维是生活服务业商业模式重构的核心工作方法。

**本节总结**

- 结构化思维，以"识别、对应、结构、表达"为要点，是生活服务业商业模式重构的核心工作方法。在这种工作方法的指导下，可以将任何一个行业的业务动作做最小颗粒度的"切片"，进而对其进行重组、改造、升级，尤其是针对痛点问题输出策略。

- 只有按最小颗粒度的方法把每一个动作切分清楚，才可能看清事物的本质和问题的本源，进而该扔掉哪些过时的环节、该补进哪些原来没有的环节、该替换或升级哪些已经跟不上时代的环节，才会一清二楚；进而，经过重新结构后的一条产业链，才会应运而生。

**装修行业的结构化思维应用：组织/流程/产品"切片"**

案例：装修行业

本节，我们将通过装修行业案例，尝试参透如何用结构化思维将业务流程、组织分工结构、互联网产品等"切片"，进而拆解出核心的痛点问题，并进行流程再造。

任何产业加上互联网都不是单点加成，而是整个产业链的升级或重组。如果善用结构化思维为装修行业做"流程再造"的升级，就可以使装修行业从主材、辅材、套餐、获客、邀约、到访、接单、跟进，到供应链管理、工地管理、设计师分配、工长分配、员工评价体系等全流程得到提升，这正是前文提到的最小颗粒度"切片"业务动作方法论的一次实践。

先来看看经典的装修业务流程是怎样的（见图 5-3）。普通的企业 ERP 信息化，就是将业务流程做成数字化后台，让业务人员使用，进而实现标准化管理。但这种 ERP 更多只是"再现"，无法做到"再造"。

把"再现"变成"再造"，就需要将结构化思维作为方法论。同样是装修业务流程，经过结构化思维的提炼，就变成了一个关于装修业务的资源配置、权限管理、业务分工的金字塔结构图（见图 5-4）。

不难看出，装修的业务流更趋近于一个线性服务——设计师是售前，工长是售中，维修是售后。这就明显不同于房产经纪业务流，后者是一个居间撮合服务，房产经纪人居间，撮合卖家和买家。撮合类业务，核心资源可以掌握在后台，比如房产经纪或者互联网金融；而家装业务作为线性服务的代表，则需要前台控制核心资源，也就是从引流到成交的两大核心业务动作需要前台掌握和运营。通过第一重的结构化思维，就明确了总部（后台）和业务（前台）的分工、依据以及目标。

而结构化思维不仅能把散乱僵硬的业务动作逻辑化、结构化，更能够将业务流程做最小单元的"切片"，找到痛点，抓住

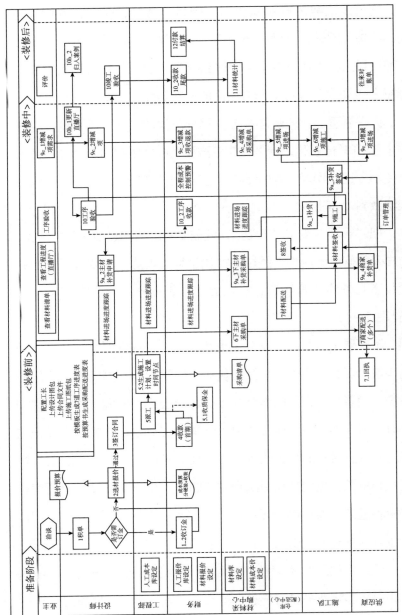

图 5-3 装修业务流程的"再现"

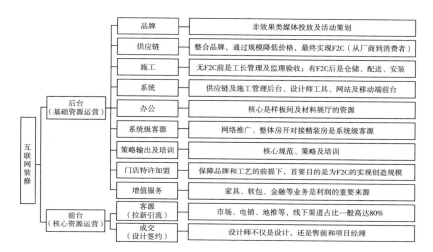

**图5-4  装修业务流程的"再造"**

核心问题，进而有针对性地输出策略。这就是结构化思维的第二重方法论。按这个方法，上述的装修业务流程就变成了如图5-5所示的动作"切片"。

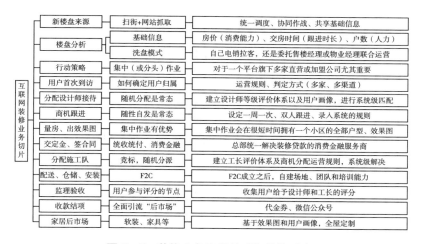

**图5-5  装修业务流程的"切片"分析**

不难看出，随着对于作业动作的细分，每一个业务动作当前不规范、不标准化、不透明化的问题浮出水面。而这正是整个装修行业的痛点。在万亿级的市场容量下，没有一家企业的产值超过百亿元，也就意味着行业第一名的市场份额不到1%，这是典型的大行业、小企业的弊病。而解决这些症结的关键，就在于用互联网系统和工具来进行运营规则的设定、运营资源的分配，尽可能把各种不标准化的动作标准化、透明化，这个过程就是装修行业流程再造的过程。

为了执行上述关键动作的策略，一家装修企业需要配备一整套SaaS系统，和上述业务动作"切片"后的核心策略一一对应。如图5-6所示，有了这些系统，才能够更好地管理装修业务的全流程和全角色。

一是CRM客户关系管理系统。以前，设计师可以把客户当成"私客"，一旦设计师离职，客户也就跟着流失；而现在，设计师必须录入CRM管理系统并做客户跟进记录，同时，和客户第一个联系的客服人员也会对该客户同步保持跟进。而CRM系统里的用户画像标签，不仅让整个装修业务组可以详细了解客户的特征，更可以让"后市场"的诸如定制家具、花园造景、二手房清洁等其他业务主体，提前做好消费延展的商机筹备。

二是设计师分配系统。以前客户来到装修公司，前台接待人员往往是根据哪个设计师和自己关系好甚至给自己的好处多，而优先通知哪个设计师去接待，甚至出现过客户刚到公司，多个设

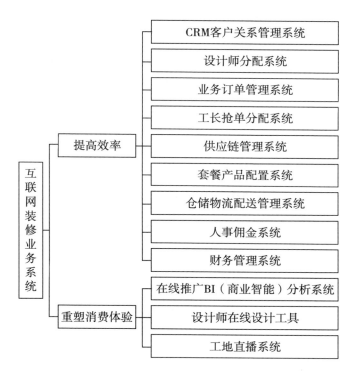

**图 5 – 6　装修业务流程对应的 SaaS 系统模块**

计师跑过去抢单的情景。而现在，由于有了设计师分配系统，系统后台会根据运营规则把客户分派给最适合的设计师，彻底解决了人工派单不标准、不透明的问题。派单的依据是设计师评价体系。这个体系综合了设计师参与设计过的房子、入行资历、近期业绩、近期转化率、客户反馈或投诉等多重因素并配以权重，有效避免了唯业绩论的弊端——有的设计师半年就接了一单，却是别墅单，业绩一直位居第一，但这并不说明他的转化能力高。所以，设计师评价体系决定了商机的分派规则，也决定了商机的转化能力，这对商业效率的提升是至关重要的。

三是业务订单管理系统。这是整个交易管理流程的核心，什么时候该进材料，已经收取了用户多少首付款或中期款，工地进展到哪一步，都能够从这个系统中查到准确的数据信息，进而同步到其他系统中去。比如，假设某位客户的装修中期款没有按时交齐，按照传统业务的流程，财务会知道这个情况，但负责配送货物的主管不知道，他还可能继续按计划给工地配送瓷砖、地板等，工人可能还在继续施工，这就可能造成损失。当同一个城市有超过 100 个装修工地同时开工时，按照传统装修业务的流程管理，假如某一个客户家里停工 90 天，可能总部都不知道这件事情发生了。而随着信息化系统的部署，总部人员每天早上刷一刷手机就可以知晓每一个工地的施工进度。

四是工长抢单分配系统。设计师与客户确定了施工图和效果图，并与客户签订合同后，就到了该分派工长去施工的阶段了。和分派设计师一样，以前的工长分派也是纯人工解决的，无法做到效率优、透明度高。数字化场景下，分派哪个工长负责哪个工地，并不完全取决于抢单速度（态度意愿）、竞价（利润空间）、用户评价（好评度）等，还有更多因素需要综合考虑，比如工长正在施工几套房（负载能力），这几套房和待分配房源的距离、顺路与否，等等。最终需经由业务后台，由企业方决策并分派工长。系统级数据是基础排名，最终选择基本尊重但又不完全依赖于系统数据及排名，从而实现效率最优。

其他的供应链管理系统、套餐产品配置系统、仓储物流配送管理系统、人事佣金系统、财务管理系统等，也都分别起到至关重要的作用。比如，每一个设计师可以在前台设计、配置的产品，必须取自供应链管理系统，且有明确的报价。任何一个产品断货、停产，都需要立即更改供应链管理系统里该商品的状态，否则就会出现传统装修经常遇到的设计师在效果图和施工图中使用了某产品，结果到了施工环节才发现早已断货甚至停产，这时候再换材料，极容易引起客户不满。再比如人事佣金系统能够计算客服、网销、设计师、设计助理、施工管理部等不同角色和部门佣金提成，匹配到首付款、尾款的到账情况与具体角色需要扣款的系统记录（如几个部门协商一致走"折单"给客户降价等），并会将实时的客户账单数据推送到工作人员的 App 端。

应用结构化思维是去拆解和再造业务流，而不是简单地匹配或迎合业务流，它的目标是解决痛点，提高效率；而 SaaS 系统是用于数据化和执行上述策略和运营规则的载体。从组织分工到业务流程再到产品模块，把结构化思维的方法论应用得越彻底，越能将每一层结构颗粒化地"切片"，进而更有针对性地输出管理策略和运营规则。这就是结构化思维给服务业的商业模式再造提供的可能性。

## 本节总结

● 任何产业加上互联网都不是单点加成，而是整个产业链的升级或重组。如果善用结构化思维为装修行业做"流程再造"的升级，就可以使装修行业从主材、辅材、套餐、获客、邀约、到访、接单、跟进，到供应链管理、工地管理、设计师分配、工长分配、员工评价体系等全流程得到提升，这正是最小颗粒度"切片"业务动作方法论的一次实践。

● 应用结构化思维是去拆解和再造业务流，而不是简单地匹配或迎合业务流，它的目标是解决痛点，提高效率；而 SaaS 系统是用于数据化和执行上述策略和运营规则的载体。

## 数字化营销的结构化思维应用：商机漏斗管理"切片"
案例：职业教育行业 | 房地产行业 | 装修行业

本节，我们将通过数字化营销的案例，进一步解读如何通过结构化思维，对生活服务行业的商机管理这个核心命题进行效率提升。

提升商机管理效率的本质，是用结构化思维中的最小颗粒度"切片"的方法，对商机漏斗进行拆分和精细化运营。图 5 - 7 是职业教育行业数字化营销中的商机漏斗，从拉新到转化，可以粗略"切片"为五个指标，分别是：点击率、网电转化率、邀约率、到访率、成交率。

点击率相关的细化动作还包括展现量、点击数、点击率、消

**图 5 – 7 数字化营销的商机漏斗**

费、点击价等，这是网络营销的一些基础能力。

网电转化率能分成两个大的单元：第一个单元是从点击到 IM 会话，可以细分出总会话数和有效会话数；第二个单元是从会话到获取电话号码，可以细分出电话号码总数和单个电话号码获取成本。

后面的邀约率、到访率和成交率是销售相关环节，需要线上客服和线下招生老师的配合才可完成。这里可以细分的动作包括：电话首次接通数、邀约数、到访数、报名数、报名金额、成交成本等（见图 5 – 8）。

图 5 – 8 的最小颗粒度动作"切片"，无论是财务预算还是投入产出比，都更容易测算出来。比如，企业希望通过线上引流部分，一年创造 5 亿元收入。那么，这个财务模型是怎样建构的呢？

首先来看一下，职业教育行业最理想的转化率水平：

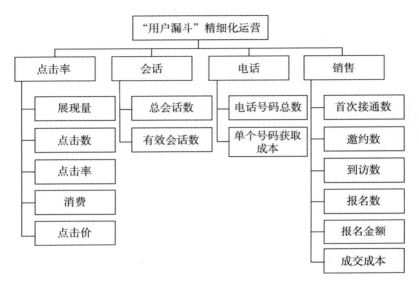

**图 5 – 8　"用户漏斗"精细化运营**

（1）电话号码有效率：50%。

（2）电话接通率：80%。

（3）邀约率：30%。

（4）到达率：70%。

（5）成交率：70%。

这样，第一步公式就出来了：

电话号码总数 × 50% × 80% × 30% × 70% × 70% ×

客单价 = 5 亿元

假定客单价为 6000 元，则倒推出来，全年总共需要产生约 141 万个电话号码量。

而网电转化率的行业优秀水平是多少呢？理想情况下能达到

4%。也就是说，总共需要约 3500 万人到达线上推广的着陆页。

再向上继续推导。假定从点击广告到进入着陆页的转化率为85%（有一部分用户由于网速问题无法打开页面，或者网页被劫持到其他地址，或者进入就立即退出），那么这约 3500 万人的到达，需要有超过 4100 万次以上的点击。而假定从 SEM 竞价渠道、信息流广告渠道等各类互联网渠道引流的单次点击平均成本在 3元，则预计全年线上总投入预算为 1.23 亿元；按获取 5 亿元收入来计算，投入产出比为 1∶4。

这就是基于整个营销链路的漏斗拆解出来的精细化运营指标，它是结构化思维、金字塔原理的典型应用，也是可以分解到每一种业务角色日常工作当中去的绩效任务和评判标准。当漏斗中的任何一层指标出现异常时，就是这种"切片"化、结构化的工作方法发挥价值的时候。如图 5 - 9 所示，这是一个装修行业商家的营销漏斗。不难看出，相比于地推以及电销的成单转化率而言，网销的成单转化率是最高的，达到了 25%。然而右侧的这个针对网销的数据漏斗显示，在五个重要的数据漏斗环节中，报名率和有效用户率的百分比明显低于行业应有的平均水平，更低于上述职业教育行业的 4% 的行业标准。

我们首先来解释一下图 5 - 9 右侧的五个指标。

访问率（CTR），指的是在网络渠道上看到一则广告的用户中，点击进入广告着陆页的比率，考察的是市场投放人员的文案创意（SEM 类渠道）、图片素材创意（技术指标 DSP、信息流类

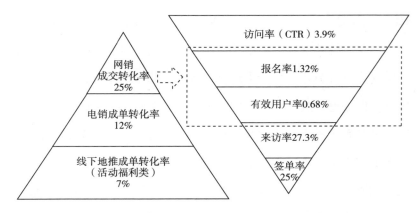

**图 5 - 9 从商机漏斗"切片"定位问题的解决方案**

渠道）的能力。

报名率，指的是进入广告着陆页的用户和留下手机号码的用户之间的比率，也叫网电转化率。用户留下号码也分两种可能：第一种是直接在页面相关处填入自己的手机号；第二种是经由在线 IM 聊天，通过客服的沟通提供了手机号。无论哪一种方式，报名率主要考察的是着陆页以及着陆页上产品自身的吸引力和核心竞争力。

有效用户率，指的是经由电销客服拨打电话，能打通、正常通话沟通的用户和总报名用户数之间的比率。

来访率，指最终来到线下的成交场所（如装修公司）的用户量和有效用户量之间的比率。

签单率，也叫成交率，指的是最终签约成交的用户量和来访的用户量之间的比率。

来访率考察的是电销客服人员的话术、邀约能力，而签单率考察的是线下销售（在装修行业则对应着设计师）的销售能力和业务能力。

不难判断，导致这个案例中的报名率和有效用户率低可能有两个原因。第一，装修套餐产品本身有问题。比如，标准化的套餐模式价格对追求绝对价格的价格敏感型用户太高（他们往往会选择最低价的游击队模式的施工队）；高端用户可能又看不上（他们会选择"半包"，完全个性化定制）。套餐的对象就是白领一族。然而，如果不是 F2C 级别的供应链能力，而只是普通的建材产品打包，则要么套餐单价太高，要么可选主材太差。产品可能存在硬伤，竞争力不够。如果是这个原因，就要让业务层、供应链层及时了解互联网推广的数据反馈，调整产品、套餐乃至价格，以进一步测试用户的反馈。

第二，则是着陆页本身有改进的空间。优化的方向是：如何吸引用户给出自己的手机号码？这给互联网的产品经理、UI 设计师等提出了更高的要求。比如，着陆页的套餐详情里，是否可以直接显示关键主材和辅材的品牌和简要信息，以便客户准确地知道这个套餐是否能满足自己的需求？再比如，吸引用户留下手机号而赠送给用户的福利，是否足够大、足够诱人？无论是何种原因导致，结构化思维的方法已经给出了痛点、给出了问题甚至指引了解决问题的方向。

再进一步，除了商机流转中的漏斗管理，更具备战略价值的关于商机的分配规则、运营逻辑以及多重价值的问题，就可以提上日程。以房地产行业为例，房产经纪人的商机获取总体上可以归为两类：自行获客，以及获得商家的企业级客源分配。房产经纪人自行获客，是获私客；而所有的商家付费采买的商机，都会汇集到企业官网的列表页，房产经纪人可被拨打的号码一般是400 转接号码（且不同推广渠道分配的 400 号码不同，用以统计不同渠道的 ROI），进而商家把这些商机通过运营规则分发到具体房产经纪人，这就是企业级客源了。企业级客源是驱动房产经纪人遵循企业规则和策略的核心资源。所以，这里的营销漏斗就升级成了"拉新、转化、分配、运营"。而这里的关键则是，商机分配背后的规则是什么，如何配置规则，以及如何和该企业当前的业务策略完美呼应。

一般来说，一定是"效率优先"，也就是把商机优先分配给该小区的金牌房产经纪人（最熟悉小区且服务最好），这样成交的概率是最大化的。所以，就需要一套完整的经纪人评价体系，来评价每个小区的金牌房产经纪人、银牌房产经纪人等。这套经纪人评价体系应该包含业绩、客户评价、成交效率乃至从业时长等多个关键指标，配以不同权重。而不同时期，随着商家的运营难点不同，企业级公客的商机分配规则更应该是个性化定制的。

比如，最常见的问题就是商圈内报盘率不足，各加盟门店的房产经纪人都不愿意把自己的流通盘报到系统中来。这时候，把企业级公客推送给"开盘人"，就是一种很好的刺激房产经纪人发布流通盘的运营策略。而当企业级客源的规模足够大之后，这个商机分配规则甚至会影响所有加盟门店的交易闭环结果，也就是最大程度地避免加盟店逃单。因为假如有 25% 左右的线上商机来自企业级客源，企业级客源的分配依据是经纪人评价体系，而经纪人评价体系中权重最高、占比最大的因素一定就是业绩。进而，即使店东想逃单作弊，房产经纪人也不会同意，因为自己的业绩一旦在系统统计中减少，后续的商机分配就会少，进而影响自己的利益。同样地，假如我们在商机分配规则中再加入一项，一个商圈内排名最后的门店无资格获得企业级客源的推送，则也会倒逼门店更接近于真实地报单、上缴管理费；否则，整个门店在客源方面将陷入恶性循环，房产经纪人也会弃店而走。可以说，用运营来替代管控，用秩序来锁定独立的加盟门店，系统级客源的规模及分配规则是最有力的武器之一。

如图 5－10 所示，对房地产行业的营销漏斗进行精细化分析，就会发现网电转化率只有 0.35%，大大低于服务业通常的 2%～4% 水平，这是怎么造成的呢？按照结构化思维的最小颗粒

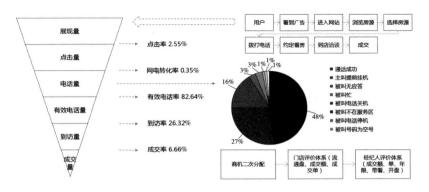

图 5－10　商机的二次分配

度"切片"的方法，我们可以把所有来电的接听明细做出分类。不难看出，这种企业级客源的派发，接通成功的只有 **48%**，其他大量的商机在"接通"这个第一环节就出现问题，比如无应答、空号、占线、提前挂机、不在服务区、停机等。显然，房产经纪人对于非自己主动经营的商机的使用效率是偏低的。如果企业级客源的来电统一使用隐号，甚至很多新入职的房产经纪人会因为不知晓这个隐号的存在而直接挂断电话。又因为企业级客源在网页或 App 上统一使用 400 转接号码以便精细化统计和保护客户隐私，所以，客户在拨打过程中，分机号码拨错、忘记、转接失败的概率也比较大。再加上离职房产经纪人未被及时从系统中清除，在职房产经纪人更换手机号码未及时在系统中更新，也会出现商机的浪费。各类问题叠加，就导致网电转化率只有 **0.35%** 的结果。而这就势必要通过商机的二次分配来解决。因为当一家庞大的企业的服务者人数超过几万人以及加盟类门店数量超过几千家时，对于房产经纪人入职离职、更换手机、新人触达培训、督导房产经纪人接听企业级客源来电等问题，难免出现疏漏或延迟；而对找房者而言，拨打了一个 400 总机后忽然发现还要拨打分机号码，进而直接挂机的概率永远存在。所以，试图解决一次分配的效率，还不如用商机二次分配的方法更有效。

商机的二次分配就是结构化思维在数字化营销领域的更深层次的应用。比如一个未被有效接听的商机，系统该二次分配给哪个门店、哪名房产经纪人呢？当一个商圈内有多个门店时，首先要有一个门店的评价体系用于商机分发的排序。这里就需要涉及门店的成交额、成交单量、流通盘贡献数量等指标。进而，当一个门店排序第一并有机会获得这个二次分配的商机时，分配给哪名房产经纪人就依赖于经纪人评价体系了。根据成交额、成交单量、从业年限、带看等行为过程指标以及开盘数量等价值贡献指标，综合评定的排序规则，决定了哪名房产经纪人有资格优先获得二次分配的商机。而这些门店排序规则、经纪人排序规则，同样可以根据这个商家阶段性的运营策略而灵活配置权重，进而把商机的二次分配也用于协同平台规则的落地。一对多的多次分发机制，反过来也会促进客户首次接听的接听率提升，让服务者回归服务本质。

## 本节总结

- 提升商机管理效率的本质，是用结构化思维中的最小颗粒度"切片"的方法，对商机漏斗进行拆分和精细化运营。
- 基于整个营销链路的漏斗拆解出来的精细化运营指标，是结构化思维、金字塔原理的典型应用，也是可以分解到每一种业务角色日常工作当中去的绩效任务和评判标准。当漏斗中的任何一层指标出现异常时，就是这种"切片"化、结构化的工作方法发挥价值的时候。
- 商机的二次分配就是结构化思维在数字化营销领域的更深层次的应用。

## 房地产行业的结构化思维应用：供给侧管理"切片"

案例：房地产行业

如果说上一节的营销主题，更偏线上、更容易用结构化思维去"切片"和精细化运营，那么本节案例的供给侧则更偏线下，更考验结构化思维的应用深度以及对行业本质规律的理解。

房产经纪的供给侧是房源，商家通过房源供给侧的层层递进的运营，最终要实现的是市占率的提高。如图 5 – 11 所示，围绕房源供给侧的课题，按照结构化思维的方法论，可以切分出六大关键指标，分别是：店面占比、锁盘率、渗透率、业主维护覆盖率、报盘率和市占率。这实际就是"店占、人占、房占、市占"的一个具象化流程，也是实现基于多店房源共享、房源联卖模式的关键要素；而且每个关键指标都可以定义出一个目标值，并再向下切分出实现这个目标值的具体策略和动作。

第一看店面占比。店面占比是指商圈内本公司门店数量与商圈内所有公司门店总数之间的比率。由于二手房、租房等业务的社区属性和供给属性，房产经纪门店在社区的驻守和深耕，是获得供给侧一手信息、委托代理的关键条件。所以，一个商圈内，一个品牌的门店规模和占比，就成为这个漏斗当中的第一重因素。店面占比这个要素，按结构化思维的方法论再向下"切片"，

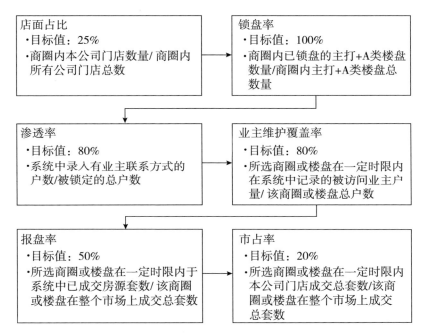

图 5 - 11　房源管理的动作"切片"

又可以拆出四个业务动作，分别是：商圈划定、主打楼盘确定、竞品门店分析、店面加密。

　　一家房产经纪公司，要进入一个新的城市或行政区域，到底应该进哪几个商圈参与竞争？这是一个至关重要的选择性命题。这里的判断依据可以是如图 5 - 12 所示的象限图。横轴代表成交量，纵轴代表成交 GMV（商品交易总额）。所以，右上四格就是成交单量高、成交金额大的商圈；而左下区域则是成交单量和金额均较低的商圈。这种对于一个商圈火热与否的判断，是确定目标商圈的第一步。

GMV

| 1 | 0~30% | B41 | B31 | 9宫格 | **B11** |
|---|---|---|---|---|---|
| 2 | 30%~50% | B42 | B32 | 9宫格 | 9宫格 |
| 3 | 50%~70% | B43 | B33 | B23 | B13 |
| 4 | 70%~100% | B44 | B34 | B24 | B14 |
|   | 100% | 70%~100% | 50%~70% | 30%~50% | 0~30% |
|   |  | 4 | 3 | 2 | 1 |

成交量

**图 5 – 12　店面占比的四象限管理工具**

而基于地图的无缝切割、商圈划定，则是供给侧实现房源共享，进而实现多店房源联卖的前提。哪个门店能看到哪些楼盘的流通信息和业主信息，就取决于划定之后的商圈四维。有些楼盘属于两个商圈的交集位置，则可以同时被两个商圈的所有门店视为"公盘"范畴；但超越了商圈边界的其他楼盘，普通门店只能看到流通盘的基础信息，看不到业主联系方式。如果要产生带看、交易等后续行为，则需要联系楼盘所在商圈门店。此外，一个商圈中，如果直营的寡头公司已经在市占率上遥遥领先，新品牌去与其正面竞争是一件非常困难的事情；而对于一个有多家公司实力均衡且中小无品牌公司不在少数的商圈，则有更多新品牌进入的机会。所以，需要在划定商圈的地图上实时的更新每个竞争者门店的位置、数量等明细信息，对商圈的竞争态势和成交数据有精细化的监测和分析。只有完成上述动作，才能最终进行基于商圈的店面加密、店占达成。

第二看锁盘率。锁盘率是指商圈内已锁盘的"主打 + A 类"楼盘数量与商圈内"主打 + A 类"楼盘总数量之间的比值。绝大部分场景中，我们说的锁盘率都不是以商圈内所有楼盘为范围的，而是指"主打 + A 类"楼盘，因为一家房产经纪公司不可能聚焦商圈的所有楼盘进行作业，而一定会选择自己最熟悉、最有积累的一些主打楼盘。原则上，一个商圈的主打楼盘为 2 ~ 4 个，而次一级别的 A 类楼盘为 8 ~ 10 个。锁盘率的目标毫无疑问是100%；不锁盘，房源共享模式是无法推行的。而实现锁盘率100%的关键，就是"楼盘字典"。

第三看楼盘字典，就是把所有的小区楼盘做成标准化的信息，包括名称、地址、建筑面积等。房源共享模式的第一步就是需要统一楼盘字典。否则，A 门店把一个小区记录为建筑用名，B 门店把一个小区记录为实际常用称谓，双边合作销售一套二手房之后均无法操作分佣，因为都无法在系统里把这些业务动作记录在同一个楼盘上。楼盘字典，又可以细分为楼、房、业主三个层次。其中，楼和房是固定信息、基础信息，是不会变化的；而业主信息则是流动信息，随着房产交易可以不断更换。楼盘字典需要锁定的是楼和房的基础信息，进而让房产经纪人去经营"业主"这个流动信息。

第四看渗透率。渗透率是指系统中录入有业主联系方式的户数与被锁定的总户数之间的比率。在特许加盟模式的商家中，渗透率的提高是一个不大不小的难题。因为特许加盟不同于直营，每家加盟店都会有自己的私心——更愿意占别人的便宜，而不愿意自己付出。当所有人都等着别人去做贡献的时候，渗透率就很难达到。按照结构化思维的"切片"方法，我们又可以针对如何提高渗透率的问题，细化出以下几种策略。

（1）商圈内需要有该商家的奠基店，也就是直营或者联营店。目的是建立初始的房源共享资源，实施公盘制度，以便尽早触发所在区域的规模效应。

（2）商家总部投入资源和人力去贡献业主信息，并免费出人力帮助新加盟的门店录盘，节省门店的人力成本。

（3）如果是新启动业务的城市，则可以设置一个新的分佣角色——首次录入人，以增加房产经纪人的主动占坑意愿。

第五看业主维护覆盖率。业主维护覆盖率指所选商圈或楼盘在一定时限内在系统中记录的被访问业主户量与该商圈或楼盘总户数之间的比率。只有足够的业主触达，才能第一时间发现业主出售或出租的意向，才有机会把下一步的报盘率拉升上去。但是，如果没有一套清晰严密的规则，特许加盟门店的所有房产经纪人就会混乱的、信息不对称地做着重复的甚至恶性竞争的联系业主的动作，对业主的骚扰极大，进而也难以避免对品牌产生负面影响。所以，提高健康的业务维护覆盖率的关键，是一套严格的维护人制的运营机制。松散的维护人和严格的维护人模式对比如图 5 - 13 所示。

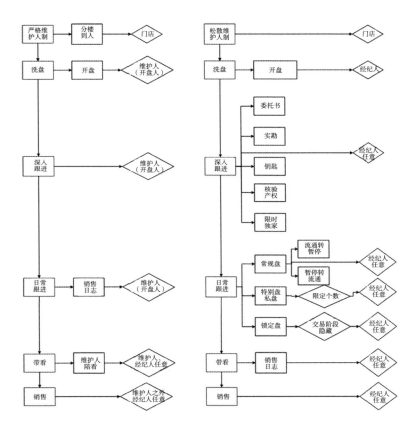

**图 5 – 13　松散维护人和严格维护人模式对比**

不难看出，在严格维护人制中，商家针对小区楼盘往往分楼到组、分楼到人。一套流通盘由系统分派维护人之后，围绕这套房源的所有后续跟进乃至成交，都是维护人的责任。而维护人又是"单边"作业的，也就是他本人不可以销售自己作为维护人的房源。于是，买方和卖方就被规则分离开来。后续其他房产经纪人的一切跟进、带看、销售，都要得到维护人的许可才可以进行。

这种成熟机制之下，业主维护覆盖率的提升才是健康和有保障的。

第六看报盘率。报盘率是指所选商圈或楼盘在一定时限内于系统中已成交房源套数与该商圈或楼盘在整个市场上成交总套数之间的比率。通俗地说，就是一个月下来，一个商家所在的商圈成交了 10 套二手房，这 10 套房在该商家的系统里只有 5 套被标示为流通状态，就证明还有 5 套房（流通盘）没有被该商家发现，这时该商家的报盘率就是 50%。报盘率是供给侧能力的最显著体现，50% 的报盘率才能保障 20% 的市占率达成。同样地，在冷启动的商圈，很多加盟门店连房源的基础信息都不愿意提供，更别提把自己的流通盘源贡献到共享池中联合售卖了。要解决报盘率达到 50%，可以细分出以下策略。

（1）商圈内要有足够数量的门店，最好是直营或联营加上加盟店的混搭模式。当有足够数量的门店，大家面对的是同一批楼盘，谁先开通的流通盘，谁就有机会获得开盘人的分佣，这就变成了一个争抢机会的生意。

（2）如果门店都不录流通盘，则商家可以让总部的电销团队阶段性进驻该商圈；一旦一个盘被区域的"空中部队"开通成流通盘，那么这笔佣金就由区域来收取。这并不是平台与商家争食，而恰恰是刺激商家尽快按平台规则完成报盘动作。

（3）置换也是一种前期可以采纳的策略。无论是直营店和加盟店之间，还是撮合 A 加盟店和 B 加盟店之间，甚或是区域电销团队开发出来的流通盘和加盟店之间，拿出一部分盘源置换自己没有的盘源，达到共赢。

回顾一下上述的层层逻辑和策略，为了完成一个商圈的冷启动以及实现房源共享、房源联卖，需要按次序完成店面占比、锁盘率、渗透率、业主维护覆盖率和报盘率这五个关键动作的指标，最终达到市占率的提升和达标。而为了完成这些关键动作的指标，每个动作又再次甚至多次向下"切片"，分解出不同的策略和方法。这一层层的向下分解，既是结构化思维的印证，也是其最小颗粒度业务动作"切片"的最佳实践。

## 本章小结

- 房产经纪的供给侧是房源，商家通过房源供给侧的层层递进的运营，最终要实现的是市占率的提高。围绕房源供给侧的课题，按照结构化思维的方法论，可以切分出六大关键指标，分别是：店面占比、锁盘率、渗透率、业主维护覆盖率、报盘率和市占率。

- 为了完成一个商圈的冷启动以及实现房源共享、房源联卖，需要按次序完成店面占比、锁盘率、渗透率、业主维护覆盖率和报盘率这五个关键动作的指标，最终达到市占率的提升和达标。而为了完成这些关键动作的指标，每个动作又再次甚至多次向下"切片"，分解出不同的策略和方法。这一层层的向下分解，既是结构化思维的印证，也是其最小颗粒度业务动作"切片"的最佳实践。

# 后　记

## 从数据看趋势，从关键词看机会

我们绝大多数人对服务业的第一印象，尤其是数据方面的判断，往往都是失真的。

我们可能会认为，服务业相较于工业、农业、实体商品零售业等，是一个小品类。但事实上，中国的服务业在 2019 年的 GDP 占比已经达到 54%，预计在未来十年将逐渐和日本趋同，GDP 占比将会超过 60%。而与此同时，服务业的从业人数占比，也从 1980 年的 13% 增长到 2020 年的 47%。若干年后，中国或将有超过一半的人口都在从事服务业工作。

我们容易觉得，服务好像没有汽车、家电那么值钱。而事实上，服务的溢价潜力在持续攀升，近二十年来，中国服务业的价格增幅超过了实体类商品。在美国，软件、玩具、电视等变得越来越便宜，其价格下降超过了 60%~80%；而价格涨幅最为迅猛的是服务业，如教育、儿童保育、医疗保健等，在考虑通货膨胀的情况下还实现了价格翻番。日本的情况也类似，家庭耐用品、娱乐耐用品的价格下降超过 70% ~ 90%，而服务业价格增长迅猛，教育服务在考虑通货膨胀的情况下翻了 2 ~ 3 倍，紧随其后的是家政服务和医疗服务。从全球的经验来看，居民都有意愿花更多的钱去享受服务，服务溢价的能力比商品更高。

既然服务业已然是"庞然大物"，为何在普通大众的感受当中，"新服务"的体验远没有"新消费"来得清晰和猛烈呢？服务业的数字化和模式升级，远比零售行业更为复杂，因为它高度依赖于人，供给侧非标，交易难闭环。数字化程度低，标准化水平差，行业高度分散，都是新服务进展相对缓慢的原因。但随着越来越多的创新公司变成上市公司甚至行业巨头，服务业厚积薄发的趋势也愈加明显。58 神骐新服务小组曾发表《中国新服务消费 10 大关键词及趋势预测》。本篇后记摘录了这篇文章中的 10 大关键词，希望给有志于在服务业各赛道深耕、创新的读者一些启发，权作尾声。

（1）第三产业比例。中国就业人数比例将趋近于美国和日本，第三产业就业人数有望超过 60%，需求和供给双轮驱动第三产业发展。

（2）新服务的发明。近百年来，发达国家消费演变，服务支出占比增长最为迅猛，新服务的发明比新商品更加重要。

（3）认知差距缩小。人口向大都市圈集聚，城镇化率提高，将促使不同阶层居民对商品的认知差距缩小。

（4）刚性品类的服务。人类始终不变的需求为追求幸福感和长寿，满足该需求的服务价格弹性最低。

（5）服务的溢价潜力。中、美、日趋同，随着工业化和信息化发展，商品越来越便宜，服务越来越贵。

（6）具有经济实力的老人。中国面临未富先老的挑战，因此当前 50～60 岁具有经济实力的人群才是老年赛道爆发的源头。

（7）信息社会的迷你家庭。女性劳动力占比因经济结构而发生变化，家庭特征变成晚婚晚育、宠物家庭。

（8）身体与精神的慢病。疾病谱变化给未来大健康消费提供了明确的线索，慢病带来干预服务的潜力。

（9）技术驱动标准化服务。技术驱动新服务，透过 AI 技术、云、硬科技等，使得服务出现标准化和规模化的可能。

（10）服务出海。庞大的国内市场对于孕育创新具有决定性优势，在国内市场验证创新后，可以面向海外输出产品，复用经验和服务供应链能力。

吴起

2022 年 7 月